# Vivir en el nuevo milenio

Casas de comienzos del siglo XXI

**Introducción 5**
Vivir en el nuevo milenio

**Casa en Kangaloon 6**
Glenn Murcutt

**Casa en Ribeirão Preto 10**
MMBB / SPBR

**La casa roja 14**
Tony Fretton Architects

**Casa tejado 18**
Tezuka Architects

**Casa Larrain 22**
Cecilia Puga Larrain

**Casa Springtecture B 26**
Shuhei Endo Architect Institute

**Casa en dos partes 30**
BKK Architects

**Casa Ponce 34**
Mathias Klotz

**Casa Du Plessis 38**
Márcio Kogan

**Casa del padre en la montaña de jade 42**
MADA s.p.a.m.

**Casa acordeón 46**
24 H-architecture

**Casa Goodman 50**
Preston Scott Cohen

**Casa de la colina 54**
Johnston Marklee & Associates

**Casa de vacaciones en el Rigi 58**
Andreas Fuhrimann, Gabrielle Hächler Architekten

**Casa de la costa 62**
Aires Mateus

**Casa Baron 66**
John Pawson

**Casa de ladrillo 70**
Caruso St John Architects

**Refugio Delta 74**
Olson Sundberg Kundig Allen Architects

**Casa de los fuegos artificiales 78**
Nendo Inc

**Casa Holman 82**
Durbach Block Architects

**Casa en Brione 86**
Markus Wespi Jérôme de Meuron Architects

**Casa SH 90**
Hiroshi Nakamura & NAP Architects

**Casa del loto 94**
Kengo Kuma & Associates

**Casa tajada 98**
Procter:Rihl

**Casa paraguas solar 102**
Pugh + Scarpa Architects

**Casa en St. Andrews Beach 106**
Sean Godsell Architects

**Casa Tóló 110**
Alvaro Leite Siza Vieira

**Casa Wheatsheaf 114**
Jesse Judd Architects

**Casa Fink 118**
Dietrich Untertrifaller Architekten

**Maison E 122**
Shigeru Ban Architects

**Casa mimética 126**
Dominic Stevens Architect

**Casa anillada 130**
Makoto Takei + Chie Nabeshima/TNA

**Casa en Pego 134**
Siza Vieira Arquiteto

**Casa O 138**
Sou Fujimoto Architects

**Villa 1 142**
Powerhouse Company

**Villa NM 146**
UNStudio

**Índice 150**
Créditos fotográficos 152

Vivir en el nuevo milenio

En un mundo cada vez más interconectado, que ofrece unas posibilidades casi ilimitadas en lo relativo al trabajo, las relaciones y los viajes por todo el planeta, los modelos de vivienda no pueden sino evolucionar. Durante el siglo XX, el hecho residencial ha superado sus limitaciones formales en busca de nuevos espacios donde las actividades domésticas puedan compartirse, además de contenerse. En los primeros años del siglo XXI, este concepto integrador se ha hecho extensivo al vínculo entre el hogar y la oficina, entre el trabajo y el ocio. Para satisfacer las necesidades del cliente moderno, el arquitecto del siglo XXI debe buscar más allá de las normas del diseño residencial para abrirse a las nuevas posibilidades espaciales e, incluso, para crear un nuevo lenguaje. El reto consiste en progresar sin perder de vista los conceptos eternos a la hora de crear un hogar: el acceso a un mundo que está fuera del ámbito doméstico, tanto en la ciudad como en la costa o en el campo.

En este libro se describen edificios de todo el mundo, que abordan en cada caso una serie de cuestiones específicas en respuesta a su ubicación y a su contexto social, cultural y económico. Revisten particular interés los métodos innovadores con los que afrontan sus limitaciones concretas. En la mayoría de los casos, las viviendas son el resultado de una confluencia dinámica entre los deseos del cliente y la creatividad del arquitecto. Las casas van más allá de la satisfacción de un conjunto de esperanzas y necesidades aisladas. Además de ofrecer protección tras sus puertas cerradas, los edificios situados en ciudades se integran en el tejido urbano. Son numerosas las referencias al hogar como refugio, tanto si se trata de un oasis de fin de semana como de una vivienda habitual. Estos proyectos comparten también el deseo de reencuentro con la naturaleza. En ocasiones, este anhelo se expresa a través de un diseño de sobriedad deliberada que se resiste a la tendencia *high tech* dominante. En otros casos, el paisaje o el mar están allí para disfrutarlos de un modo controlado, casi cinematográfico. En ambas circunstancias, la difuminación de los límites entre lo construido y la naturaleza constituye cada vez más un elemento integrante del diseño responsable. Tanto si aspiran a fundirse con el entorno como si ambicionan singularizarse, estas casas demuestran que es posible crear hogares espléndidos con un impacto ecológico mínimo y un consumo energético reducido a largo plazo.

El arquitecto depende de los procesos de diseño y construcción para llevar a buen puerto el concepto subyacente a todo edificio. En este nuevo milenio, los progresos tecnológicos aplicables a esos dos ámbitos han conllevado la aparición de formas cada vez más audaces desde el punto de vista estructural y estético. Muchas de las casas incluidas en esta obra exploran el potencial de los nuevos materiales y de las nuevas técnicas de construcción para definir y configurar los espacios fluidos que caracterizan la vida moderna, sobre todo en los entornos urbanos, lo que a menudo implica apropiarse de elementos del diseño industrial y comercial. La comprensión de las cualidades intrínsecas de los materiales, tanto de los naturales como de los sintéticos, y la honestidad en su aplicación son fundamentales a la hora de crear magníficas casas en el siglo XXI.

# Casa en Kangaloon
## Glenn Murcutt

**Kangaloon, Nueva Gales del Sur, Australia**
2000

La Casa en Kangaloon, ubicada en el corazón de las ondulantes Southern Highlands, a solo dos horas de coche de Sídney, se orienta al norte sobre un campo abierto. Es una construcción muy típica de Murcutt por su característico toque rural y su estrecha relación con el paisaje y el clima. La vivienda consta de dos partes distribuidas en una sola planta. Ocupa la zona baja de un terreno, cercano al lago, y está protegida del viento por un deflector curvo que se extiende a lo largo de sus 80 metros de longitud. Desde las mamparas correderas del interior hasta la fachada frontal con persianas, todo el edificio está preparado para adaptarse a su mudable entorno.

La casa consta de dos alas —una vivienda principal y una pequeña edificación anexa—, dispuestas en línea recta sobre un eje este-oeste, con un patio entre ambas. El deflector vincula y protege todos los elementos, además de convertirse en un componente interno del edificio principal. Está unido a la casa por una hilera de ventanas altas y contiene una galería de 70 metros de longitud que da acceso a las diversas estancias. Hay dormitorios en los dos extremos de esta planta lineal y espacios comunes flexibles en el centro. En las proximidades de la galería, gruesas paredes de almacenamiento integrado proporcionan masa térmica. Al norte, unas puertas correderas se abren a la terraza.

La ubicación exacta de la casa se decidió a partir del movimiento del sol y del viento sobre el extenso y desprotegido terreno. Los paneles solares de la edificación anexa generan energía. En el ala principal, los materiales y las formas (inspirados en los tipos constructivos rurales) contribuyen a que el interior se ilumine y se airee de manera natural. El deflector, de acero corrugado, desvía los vientos fuertes hacia el tejado, inclinado y con grandes aleros en ambos extremos. En la cara norte, persianas correderas de madera filtran la intensa luz solar y crean una composición rítmica junto con las vidrieras, las columnas de hormigón y un zócalo empizarrado.

| | |
|---|---|
| 1 | Casa en su entorno |
| 2 | Fachada oeste |
| 3 | Cocina |
| 4 | Fachada norte |
| 5 | Detalle del deflector |
| 6, 7 | Detalles del exterior |
| 8, 9 | Vistas de los espacios habitables |

**Casa en Kangaloon**
Glenn Murcutt

**Kangaloon, Nueva Gales del Sur, Australia**
2000

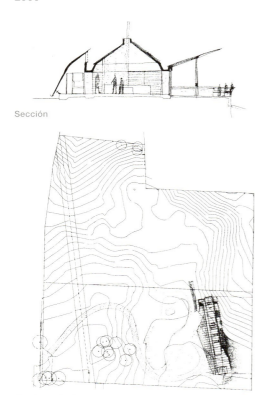

Sección

Emplazamiento

# Casa en Ribeirão Preto
## MMBB / SPBR

**Ribeirão Preto, São Paulo, Brasil**
2001

Ribeirão Preto es una próspera ciudad del sur de Brasil, conocida extraoficialmente como la «California brasileña». Su clima templado brinda unas condiciones ideales para la arquitectura luminosa de MMBB y SPBR, un joven estudio muy vinculado a la Universidad de São Paulo. La Casa en Ribeirão Preto, concebida como una residencia familiar con patio, muestra la influencia de la denominada arquitectura «brutalista». Presenta formas geométricas y celebra las posibilidades estructurales y estéticas del hormigón, en particular su aptitud para sostener interiores sin columnas y extensas zonas acristaladas.

Los espacios de la vivienda se distribuyen en una sola planta en forma de U, algo elevada sobre nivel del suelo. El piso se apoya en cuatro esbeltas columnas de hormigón, dispuestas en una serie de cavidades excavadas en un terreno suburbano nivelado. Se entra por una escalera exterior que asciende desde el nivel del sótano, donde se pueden aparcar los coches bajo un ala de la casa. Las escaleras conducen a una cocina dispuesta alrededor de una «isla», cuya elevada pared crea un pasillo natural entre las zonas públicas y las privadas. Al norte, en la parte más alejada de la calle, se sitúan los tres dormitorios, los cuartos de baño y un estudio. Al sur, con vistas sin marcos a la terraza, se extiende una zona de estar de planta abierta.

La mayor parte de la envolvente de la casa está acristalada, lo que le aporta una sensación de elegante levedad. La carga del edificio descansa sobre las cuatro columnas de hormigón, las losas horizontales superiores e inferiores y las vigas verticales al nivel del techo. Exiguas particiones individualizan los tres dormitorios y los baños, que se ocultan del exterior mediante paneles traslúcidos con piezas de acero. La distribución en torno a un patio proporciona vistas tanto hacia el interior como hacia el exterior de la casa, de modo que los transeúntes puedan maravillarse ante el audaz enfoque estructural.

1 Vista de la residencia
2 Escaleras hacia la entrada principal
3 Cocina
4, 5 Detalles de la estructura de hormigón
6 Paneles de acero Corten en la fachada
7 Vista desde la piscina
8, 9 Vistas del interior

Casa en Ribeirão Preto
MMBB / SPBR

Ribeirão Preto, São Paulo, Brasil
2001

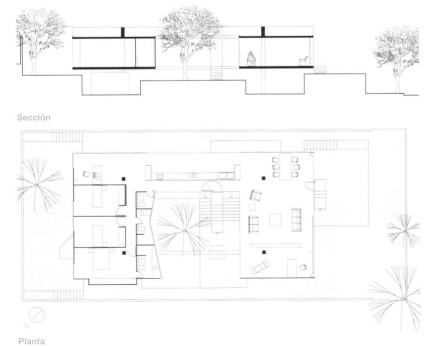

Sección

Planta

# La casa roja
## Tony Fretton Architects

2

**Londres, Reino Unido**
2001

Un joven coleccionista de arte encargó La casa roja como lugar de residencia y de trabajo. La vivienda se integra en un paisaje histórico de Londres, con el que dialoga de forma respetuosa. A través de la composición formal y de la mampostería de su fachada, entabla un diálogo con su entorno que fomenta las comparaciones y contribuye a la vida cultural de la ciudad. En tanto que galería y futuro hogar, es un edificio flexible, con un interior versátil, que ocupa un lugar destacado en los proyectos del arquitecto.

La vivienda se inspira en la disposición de los edificios contiguos y se adapta a la escala de su vecindario. Está distribuida en tres plantas principales (más el sótano y el entresuelo) y solo el pabellón acristalado de la planta baja que alberga el comedor rebasa su perímetro cuadrado. La dominante sensación de orden proporciona un marco para el interior, diseñado en colaboración con el arquitecto y artista Mark Pimlott y concebido para que evolucione con el paso del tiempo en función de las necesidades del propietario. Al carecer prácticamente de una funcionalidad preestablecida, cada piso posee un carácter y unas cualidades espaciales propias. Se da una interacción buscada entre los espacios compartidos y los íntimos.

El edificio está construido con hormigón armado, lo que proporciona al interior una cierta ligereza al tacto, en contraste con la robusta fachada de piedra. El revestimiento de color rojo fuerte, al que debe su nombre la casa, es de piedra caliza francesa labrada, material escogido por su belleza, su procedencia histórica y su durabilidad. El vidrio se utiliza en abundancia y con un contraste característico, puesto que las ventanas enmarcadas con bronce y madera se yuxtaponen a extensas zonas de paneles sin marcos. La altura máxima del lado del jardín supera la de la calle, de modo que el pabellón de dormitorios del nivel superior recibe abundante luz y disfruta de vistas del Royal Hospital de Sir Christopher Wren y, a lo lejos, de la catedral de Westminster.

| | |
|---|---|
| 1 | Vista del exterior desde la calle |
| 2 | Escaleras que parten del comedor |
| 3, 4 | Vistas de la fachada de piedra roja |
| 5 | Interior del primer piso |
| 6, 7 | Vistas de los espacios habitables |
| 8 | Detalle de la caliza francesa |
| 9 | Vista desde el jardín |

La casa roja
Tony Fretton Architects

3

4

5

6

Londres, Reino Unido
2001

7

8

9

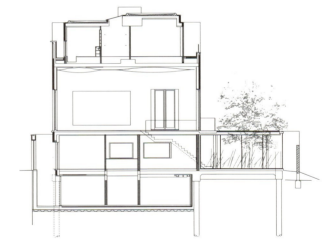
Sección

Planta baja

# Casa tejado
## Tezuka Architects

Hadano, Prefectura de Kanagawa, Japón
2001

El nombre de Casa tejado describe a la perfección un tipo de hogar japonés contemporáneo en el que algunas de las actividades básicas de la vida familiar se pueden llevar a cabo tanto en el interior del edificio como encima del mismo. La idea surgió a raíz de una conversación informal sobre el hábito del cliente de almorzar al aire libre. El edificio, situado en un moderno barrio a las afueras de la ciudad, fomenta la vida social y explora el potencial del tejado para acoger funciones residenciales clave. El concepto, desarrollado por Tezuka en edificios posteriores, lleva los límites espaciales a una conclusión lógica: la fusión del interior con el exterior, y en este caso concreto, garantiza unas vistas magníficas del valle.

En el interior de la Casa tejado, una planta muy simple proporciona una flexibilidad óptima. El espacio se centra en una generosa zona de estar abierta y comprende, en la parte posterior, una secuencia de tres habitaciones privadas. La compacta cocina y el baño se sitúan en un extremo, aislados del ruido de la calle por una pared con armarios empotrados. La ligera estructura de madera permite un amplio recurso a las cristaleras, que aportan luminosidad y amplitud a las zonas privadas. De hecho, por medio de particiones retráctiles, pueden abrirse por completo para formar un único y amplio espacio social con vistas a través de la casa.

La sobria simplicidad de la vivienda favorece que la atención se dirija a la creativa y novedosa función de la azotea como centro de actividad. La cubierta consiste en una fina membrana de acero galvanizado sobre paneles de madera. Describe una ligera pendiente para adaptarse al relieve del terreno y se orienta de forma natural a las vistas que se extienden hasta el monte Kobo. En su planta abierta se intercalan ocho claraboyas que resultan fundamentales para la integración física y visual. Las trampillas conducen a diferentes zonas del interior a través de escaleras de mano y reflejan las inquietudes tanto del arquitecto como del cliente: una intensa sensación de identidad en el marco de un orden natural que lo abarca todo.

1, 2   Azotea con sus asientos
3   Espacios habitables
4   Exterior desde la calle
5   Vista a través del interior
6   Zona de comedor de la azotea
7   Detalle del baño

**Casa tejado**
Tezuka Architects

**Hadano, Prefectura de Kanagawa, Japón**
2001

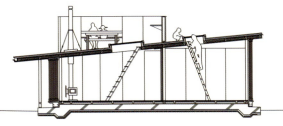

Sección

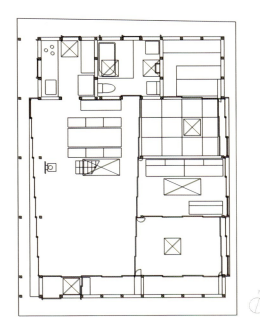

Planta

# Casa Larrain
## Cecilia Puga Larrain

Bahía Azul, Los Vilos, Chile
2002

La Casa Larrain es el hogar de la madre de la arquitecta y un retiro de fin de semana para su numerosa familia. Su poderosa solidez posee un simbolismo deliberado, representa el acto de echar raíces después de muchos años viajando. El edificio, ubicado en un tramo rocoso de la costa central de Chile, está concebido como un trampolín hacia el mar, con abundante espacio al aire libre y dilatadas vistas enmarcadas con esmero. Gracias a una meditada distribución y a su audacia estructural, la vivienda exhibe armonía visual y transmite una sensación de unidad a la vez que diferencia las funciones domésticas y garantiza la privacidad personal.

El edificio comprende tres pabellones de hormigón armado con tejado a dos aguas, unidos por una estructura de cubierta horizontal. El sorprendente perfil de la vivienda se debe a su juego de volúmenes escalonados y apilados, que se traducen en una única forma de extrusión.

Hay dos pabellones al nivel del suelo, con un espacio entre ambos. Al norte, el ala de la cocina-comedor termina en una gran ventana panorámica y se abre a una terraza a través de unas puertas correderas de cristal. Al sur se halla el bloque de los dormitorios. El tercer pabellón alberga una sala de estar de planta abierta, también con vistas enmarcadas al mar. Está encajado en el hueco que dejan los otros dos volúmenes, situados a un nivel inferior, con los que se solapa, y está unido con la cocina-comedor a través de una escalera de caracol. La gran altura de las ventanas aporta ritmo a las fachadas y crea enlaces visuales entre los pabellones, además de vincular las habitaciones con el paisaje. En el interior de la vivienda, la nota dominante es el hormigón estructural visto, que crea continuidad con el exterior y establece una relación no jerárquica entre las distintas superficies, la escalera e incluso la isla de la cocina. El objetivo es fundir la estructura, con los colores y las texturas para crear un todo unitario que refleje el espíritu de la familia Larrain.

| | |
|---|---|
| 1 | Fachada norte |
| 2 | Casa en su entorno |
| 3 | Sala de estar del primer piso |
| 4 | Terraza del lado oeste de la vivienda |
| 5 | Terraza con vistas a la costa |
| 6 | Vista del interior |

**Casa Larrain**
Cecilia Puga Larrain

**Bahía Azul, Los Vilos, Chile**
2002

5

6

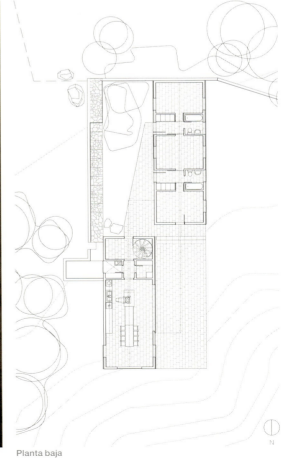

Planta baja

# Casa Springtecture B
## Shuhei Endo Architect Institute

Biwa-cho, Prefectura de Shiga, Japón
2002

Springtecture B es un estudio y una segunda residencia situado en Biwa-cho, una localidad a orillas de un lago. Se trata de un pequeño proyecto, muy personal, de Shuhei Endo, que explora las posibilidades de un material de evidente carácter industrial, así como el concepto de continuidad de la superficie aplicado al emergente concepto de «vivir y trabajar» en un mismo espacio. La vivienda ejemplifica la aproximación «no compositiva» del arquitecto al diseño, un enfoque que concibe los edificios como entidades de un solo bloque indivisible. En concreto, personifica un conjunto de proyectos que emplean el acero corrugado en estructuras plegables dinámicas para sugerir un movimiento constante y la idea de flujo espacial.

Endo compara este tipo de arquitectura con el *renmentai*, un estilo de caligrafía japonesa consistente en escribir textos completos con un único trazo ininterrumpido. El arquitecto distribuyó en zigzag la planta de Springtecture B para redondear el perfil sinuoso del edificio. La disposición secuencial de los espacios entrelazados se extiende por la parcela a ambos lados de un eje central, integrando los interiores con los exteriores. Esta libertad de enfoque resulta apropiada para una casa destinada a estancias breves y que se centra en una galería de doble altura y en espacios abiertos y sociables, como el comedor junto a la piscina.

El movimiento único y continuo del edificio se expresa mediante láminas de acero corrugado ensambladas para definir el espacio. Además de llamativa, la cubierta metálica es ligera y económica, y se puede doblar sin que disminuya su resistencia. Resulta adecuada, por tanto, para suavizar las aristas entre las paredes, los suelos y los techos, además de aportar al edificio cierta luminosidad que se ve acentuada por el uso frecuente de cristaleras. En los espacios donde se requiere intimidad se han levantado paredes maestras, como el tabique central de ladrillos blancos y negros. También se hace hincapié en el generoso movimiento transversal de vistas, luz y aire.

| | |
|---|---|
| 1 | Fachada este |
| 2 | Vista desde el nordeste |
| 3 | Zona de estar cerrada |
| 4 | Fachada sur |
| 5 | Casa en su entorno |
| 6, 7 | Detalles de los tubos que sostienen la cubierta |
| 8 | Vista del interior |

**Casa Springtecture B**
Shuhei Endo Architect Institute

Biwa-cho, Prefectura de Shiga, Japón
2002

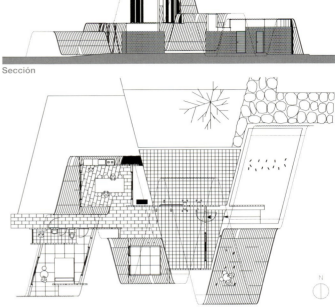

Sección

Planta baja

# Casa en dos partes
## BKK Architects

4

**Melbourne, Victoria, Australia**
2003

La Casa en dos partes explora los conceptos de flujo y dualidad espacial en una vivienda contemporánea de un barrio residencial. Construida como ampliación de un *California bungalow* (un tipo de edificio muy corriente en la costa australiana durante la década de 1920), establece un «diálogo» desenfadado entre sus dos mitades aparentemente diferenciadas, en alusión al sofá victoriano de dos plazas. En un único piso con jardín, alberga una serie de espacios destinados a acoger la dinámica de la vida familiar moderna. Compartimentada en algunas zonas y de planta abierta en otras, mantiene el equilibrio entre espacios íntimos y compartidos, entre interior y exterior.

La planta de la casa es simple: la ampliación prolonga el mismo eje central de la vivienda ya existente. El recinto fluye y refluye de oeste a este, de acuerdo con la función de los distintos espacios. La fluidez se mantiene gracias al carácter diáfano de las líneas divisorias, sobre todo en la cocina, el comedor y la terraza. Son lugares de transición que median entre las partes ortogonales e irregulares de la planta, creando un diálogo entre lo antiguo y lo nuevo. En la vida diaria, proporcionan la flexibilidad necesaria para distintas formas de estancia informal.

En todos los aspectos, desde la ubicación de la casa en el terreno hasta la elección de los materiales, el arquitecto se propuso optimizar los recursos naturales y crear un edificio dotado de eficiencia energética a largo plazo. Las dos partes de la ampliación tienen estructura de madera y están recubiertas con una doble piel táctil de *Eucalyptus sieberi* sin tratar. La capa externa está constituida por finas lamas verticales, que crean un efecto óptico de elevación y sirven de contrapunto al ladrillo de la vivienda preexistente. Las paredes abombadas y angulosas de la biblioteca, además de configurar la característica apariencia escultórica del edificio, permiten disponer en diagonal, siguiendo la trayectoria del sol, las largas ventanas en forma de ranura. De este modo, se aprovecha al máximo la luz diurna y se crea un cálido ambiente en el interior.

| | |
|---|---|
| 1 | Exterior desde el este |
| 2 | Nuevo volumen con espacios habitables |
| 3 | Fachada norte |
| 4 | Estanterías entre las ventanas en forma de ranura |
| 5 | Detalle de la fachada norte |
| 6, 7 | Espacios habitables |

**Casa en dos partes**
BKK Architects

Melbourne, Victoria, Australia
2003

6

7

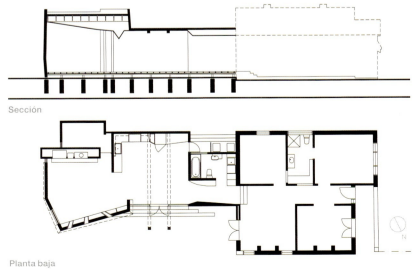

Sección

Planta baja

33

# Casa Ponce
## Mathias Klotz

San Isidro, Buenos Aires, Argentina
2003

La Casa Ponce es una residencia familiar situada en una zona distinguida del barrio histórico de San Isidro. Se halla a orillas del Río de la Plata y ocupa una parcela larga y angosta rodeada de vegetación exuberante. Por su estrecha vinculación con el enclave, era un encargo idóneo para Mathias Klotz, cuya cartera de proyectos se basa en el concepto de arraigamiento. El principal objetivo del arquitecto, que trabajó en estrecha colaboración con el cliente, fue no interrumpir la vista del estuario, es decir, lograr que la casa no se convirtiera en un elemento disruptivo del entorno natural, sino que se integrara a modo de enlace entre la orilla del agua y la carretera.

El edificio está constituido por dos volúmenes flotantes asentados sobre un sobrio sótano compacto. Klotz aprovechó las posibilidades de la estructura de hormigón armado para crear una sensación de equilibrio dinámico entre las distintas partes, una armonía basada en el estricto orden subyacente. Los espacios de estar se organizan en dos zonas: una pública de planta abierta y una privada de carácter cerrado. El elegante perfil del edificio se debe a la disposición del volumen más hermético en la parte superior, en contraste con la delicada caja de vidrio de debajo. El desafío a la gravedad se pone de manifiesto sobre todo en la zona más próxima al estuario, donde la piscina está suspendida sobre el jardín.

La ordenada linealidad de la planta se ve realzada por el uso en las fachadas de vidrieras horizontales continuas (tanto traslúcidas como transparentes), así como por las columnas de apoyo vistas. La limitada gama de materiales apuesta por la sinceridad, como se advierte en el hormigón de la estructura, a la vista tanto dentro como fuera. La integración de los elementos en un todo coherente se fundamenta en detalles complejos, como las claraboyas circulares de la terraza, abiertas a la zona de estar inferior. La proyección de las terrazas más allá del área principal amplía la analogía del edificio con un diálogo entre el jardín, el estuario y el paisaje urbano de los alrededores.

1, 2  Voladizo sobre la pasarela
3     Espacio de estar con vistas a la terraza
4     Entrada a la casa
5, 6  Vistas del comedor
7     Pasillo interior
8     Baño
9     Detalle de la terraza superior

Casa Ponce
Mathias Klotz

**San Isidro, Buenos Aires, Argentina**
2003

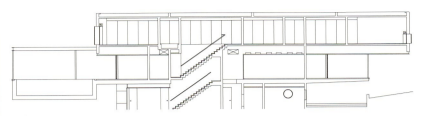

Sección

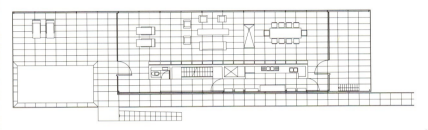

Planta

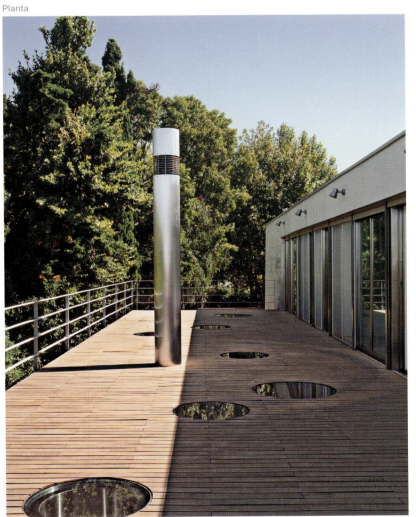

# Casa Du Plessis
## Márcio Kogan

Paraty, Río de Janeiro, Brasil
2003

La Casa Du Plessis, situada en una urbanización de los alrededores de la ciudad histórica de Paraty, es una de las fincas diseñadas por Márcio Kogan para Laranjeiras Condominium, un extenso complejo de ocio rodeado por mar, montañas y selva. Este entorno permitió al arquitecto trabajar sin las limitaciones propias del contexto urbano y reflexionar con mayor independencia sobre la relación entre los edificios y el paisaje. Como contrapartida, Kogan tuvo que afrontar el desafío de adaptarse a la estética del complejo sin renunciar a su pensamiento moderno.

Se trata de una vivienda de cuatro dormitorios distribuida en una sola planta. Según Kogan, responde al concepto arquitectónico de «doble matiz»: una casa tradicional de poca altura colocada en el interior de una caja moderna abierta, lo que redunda en un cuidadoso equilibrio entre lo contemporáneo y lo convencional. La solidez de la envolvente aporta protección al interior, que incorpora dos terrazas al aire libre y una piscina. Permite asimismo el empleo de fachadas más livianas que, además de unir los espacios interiores y exteriores, proporcionan ventilación natural y fluidez de espacio.

Los edificios de Laranjeiras deben tener tejados inclinados de estilo colonial con tejas de arcilla. Kogan incorporó la arcilla a un conjunto más amplio de materiales naturales que crea armonía a través del contraste. La envolvente de piedra *mineira,* procedente de una cantera de la región, no tiene como función ocultar la casa, puesto que dispone de amplias aberturas que enmarcan vistas abstractas, tanto desde la vivienda hacia el paisaje como desde el entorno hacia el edificio. De hecho, debajo del parapeto, la elevación oriental es retráctil en su totalidad. Se da una relación lúdica entre las formas dominantes, sobre todo en la parte sur de la planta. Durante el día predominan el exterior de piedra y las jaboticabas del patio. Por la noche, el velo permeable de madera reciclada del edificio se retroilumina desde el interior y transforma los árboles en figuras fantasmagóricas.

| | |
|---|---|
| 1 | Vista desde el sur |
| 2 | Detalle del exterior |
| 3 | Vista nocturna de la sala de estar y la piscina |
| 4, 5 | Aberturas en la pared de piedra exterior |
| 6 | Detalle de la mampara de madera |
| 7 | Vista de la sala de estar |
| 8, 9 | Piscina y porche adyacente |

3

**Casa Du Plessis**
Márcio Kogan

4

5

6

**Paraty, Río de Janeiro, Brasil**
2003

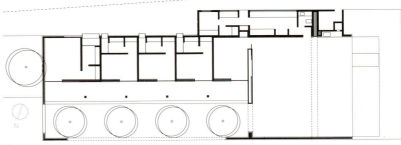

Planta

# Casa del padre en la montaña de jade
## MADA s.p.a.m.

**Provincia de Shaanxi, China**
2003

La Casa del padre en la montaña de jade señala el regreso del arquitecto Qingyun Ma a la antigua provincia china donde nació. Es uno de los edificios que ha proyectado en el valle de Jade, lugar de confluencia de las montañas Qinling con el río Bahe. En sus tierras de cultivo trabajan agricultores con un gran apego a la comunidad y a la tradición. Construir una casa en este lugar constituye una importante proclama social, que Ma ha afrontado mediante la combinación de la lógica occidental de su formación con la apuesta por las técnicas y materiales autóctonos.

El edificio se inspira en temas que son comunes al diseño tradicional chino y al movimiento moderno: la relación entre el interior y el exterior, entre lo privado y lo público. La estructura comprende una envolvente externa y un esqueleto interno, que encierran un patio cerrado al sur y un estanque ornamental al este. La envolvente es sólida, mientras que el esqueleto incluye numerosos paneles transparentes y opacos que permiten observar la disciplinada distribución modular del espacio interior de los dos pisos. La fachada sur, ubicada tras una hilera de contraventanas, es la más abierta. Las puertas correderas acristaladas de la planta baja y las ventanas del piso superior —de igual altura que la pared— crean vínculos con el patio desde la zona de estar y el dormitorio principal.

Ma es conocido por su enfoque práctico de la construcción y su cuidada selección de los materiales. Para la Casa del padre en la montaña de jade utilizó piedras de un río cercano tanto en la envolvente exterior como en las partes ocultas de las fachadas. La realización del edificio se prolongó cinco años, por cuanto lo construyeron personas de la zona que recogieron las piedras a mano y las seleccionaron en función de su tamaño, forma y color. El resultado es un intenso contraste de texturas entre la mampostería suave y redondeada y la nitidez de las cristaleras. En el interior, hermosos paneles de bambú entretejido sobre contrachapado compensan dicho contraste con acierto.

| | |
|---|---|
| 1 | Casa en su entorno |
| 2 | Fachada del patio |
| 3 | Estanque |
| 4 | Contraventanas y puertas de vidrio de la fachada del patio |
| 5 | Vista del espacio habitable |
| 6 | Detalle del interior |

3

**Casa del padre en la montaña de jade**
MADA s.p.a.m.

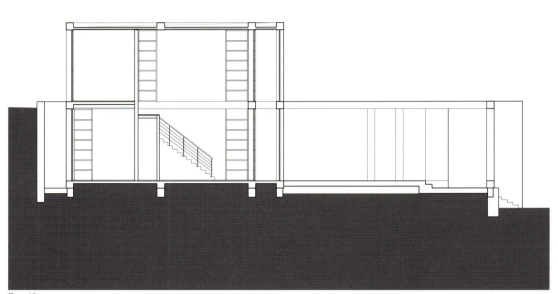
Sección

**Provincia de Shaanxi, China**
2003

# Casa acordeón
## 24 H-architecture

Årjäng, Suecia
2004

La Casa acordeón surgió de la ampliación de una cabaña de pesca con el objetivo de crear una segunda residencia para los arquitectos en las idílicas proximidades de un lago. El diseño constituye una respuesta creativa a las estrictas normas que regulan las dimensiones de los edificios en este espacio natural protegido. Se trata de un proyecto ejemplar en aspectos como el impacto en el entorno, el consumo energético y el respeto por la belleza del paraje donde se inscribe. La casa reacciona con presteza a las variaciones ambientales gracias a su capacidad de cambiar de tamaño, forma y aspecto en función del clima y de las necesidades de los usuarios durante su estancia.

La ampliación funciona como una zona de estar de planta abierta que incluye una pequeña cocina con isla. Se accede a ella desde la cabaña ya existente a través de una pequeña abertura. El anexo consiste en una estructura de madera formada por veintisiete cuadernas talladas de una en una, que vinculan el volumen principal a una sección más pequeña que se extiende y repliega sobre carriles. En su postura de máxima expansión, la casa se proyecta sobre el arroyo adyacente y se relaciona con el medio a través de cuatro grandes ventanas. Su forma sinuosa, debida al irregular armazón de cuadernas, se ve realzada por las ondulaciones de su envolvente de tablas de tuya gigante. En invierno, cuando se cierra la zona extensible, la vivienda se convierte en un capullo sin aberturas visibles.

La casa neutraliza casi la totalidad de sus emisiones de carbono. El interior y los acabados de pino de la estructura son de madera certificada de la región. La envolvente de tuya gigante no está tratada y, al envejecer, adquirirá el mismo color que las rocas próximas. En la parte corredera, las paredes están forradas de pieles de reno, agradable para los sentidos y un magnífico aislante. La chimenea de la estufa de leña atraviesa la envolvente como si fuera un cuerno, de modo que el perfil de la cabaña evoca la imagen de un reptil bien adaptado a su hábitat natural.

1  Vista del exterior
2  Casa vista desde el lago
3  Zona de estar
4  Vista exterior de la sección extensible
5  Detalle del exterior recubierto de madera
6  Cubierta con vistas al lago
7  Detalle de una ventana en forma de ojo
8, 9  Vistas de la zona de estar

3

**Casa acordeón**
24 H-architecture

Årjäng, Suecia
2004

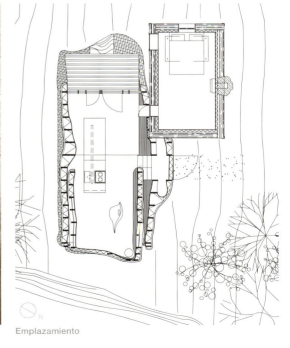

Emplazamiento

# Casa Goodman
## Preston Scott Cohen

**Pine Plains, Nueva York, Estados Unidos**
2004

La Casa Goodman es un «edificio dentro de otro edificio», además de una interpretación radical de una vivienda tradicional con tejado a dos aguas. Su núcleo interno es el antiguo esqueleto de madera de un granero de estilo holandés del siglo XIX, protegido por una estructura de acero contemporánea y una envolvente de madera. Sus imponentes dimensiones permitieron al arquitecto estudiar la estructura, la geometría y el espacio a una escala inusualmente grande para tratarse de un proyecto residencial. El edificio desarrolla los temas centrales de sus investigaciones académicas al desafiar las ideas preconcebidas acerca de los límites de la construcción y exigir como requisito la funcionalidad.

Los clientes deseaban una vivienda espaciosa de planta abierta con la máxima luz natural posible. El reto consistió en dar cabida a sus necesidades en el contexto de un granero. El arquitecto respondió a estos deseos con una composición a capas que, además de dejar a la vista los distintos elementos estructurales, dirige la atención hacia ellos. Desde el exterior, se pueden vislumbrar retazos de las estructuras de madera y acero a través de las cuarenta y ocho ventanas de diferentes dimensiones que se reparten por las fachadas. Se da un contraste deliberado entre la extensión de las paredes y su delicado revestimiento con tablones de cedro ensamblados.

La libertad de la estructura alcanza su máxima expresión en el pasillo de extremos abiertos que corta la casa y, por un momento, la «vuelve del revés». Mediante mamparas correderas y puertas de cristal que se deslizan en sentido descendente, el pasadizo se convierte en un jardín que lleva al interior de la vivienda el paisaje. Este elemento se suma a un interior rico y variado que se singulariza por los contrastes de materiales (rústicos y refinados) y de dimensiones (grandes y pequeñas). Los reducidos espacios destinados al baño o al descanso se distribuyen a un lado con discreción, a fin de preservar el impacto de la apariencia catedralicia del granero.

1 Casa en su entorno
2 Fachada sudeste
3 Vista de la zona de estar
4 Pasillo abierto que constituye la entrada principal
5 Espacio habitable principal
6 Comedor con vistas a la cocina

3

**Casa Goodman**
Preston Scott Cohen

Pine Plains, Nueva York, Estados Unidos
2004

5

Sección

Planta baja

6

# Casa de la colina
## Johnston Marklee & Associates

Santa Mónica, California, Estados Unidos
2004

La Casa de la colina está situada en una de las urbanizaciones más emblemáticas de la arquitectura residencial moderna. Su privilegiada ubicación al borde de Chautauqua Boulevard le permite compartir magníficas vistas del cañón de Santa Mónica con la Casa Estudio N.º 8, de Charles y Ray Eames. Un solar sin duda extraordinario, que planteaba, no obstante, dificultades específicas a los arquitectos encargados de diseñar allí una vivienda familiar contemporánea. Aparte de ser muy empinada e irregular, la parcela estaba sujeta a las rigurosas limitaciones de altura y volumen impuestas por la normativa urbanística local.

Desde el primer momento, el arquitecto consideró las cortapisas de la parcela una oportunidad estructural y espacial. Analizó en profundidad la envolvente permitida en la zona con objeto de conseguir el máximo de espacio utilizable con el mínimo impacto ambiental. Una vez determinada la forma ideal para este propósito, la adoptó para el edificio y desarrolló su estructura hasta lograr que fuera edificable. El volumen resultante, que parece una escultura abstracta, se relaciona con su entorno como si hubiera sido labrado en el propio terreno rocoso. Los límites entre las paredes y los planos del techo se han difuminado tanto que parecen una única superficie continua. Los planos inferiores, que se estrechan al llegar al suelo, permiten leer el edificio tanto desde abajo como desde la carretera que pasa por encima.

La monumentalidad de la Casa de la colina se ve realzada por la profundidad de las aberturas de los dos niveles privados, que contrastan con las del nivel común central, donde los cerramientos de vidrio se repliegan para ofrecer unas vistas espléndidas y permitir una entrada óptima de luz natural y de ventilación al interior, en el que predomina el blanco. La estructura consiste en un armazón de acero arriostrado relleno de madera y anclado a una base de hormigón. Se trata de un esqueleto de gran eficiencia que admite una distribución fluida de planta abierta, espectaculares voladizos y una conectividad excelente a través de la escultórica escalera principal.

1, 2   Vistas del exterior
3      Vista de la zona de estar
4, 5   Detalles del exterior
6, 7   Detalles de los espacios habitables de la planta baja
8, 9   Entresuelo

## Casa de la colina
**Johnston Marklee & Associates**

Santa Mónica, California, Estados Unidos
2004

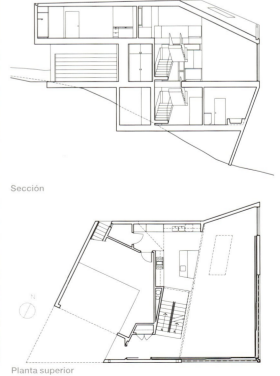

Sección

Planta superior

# Casa de vacaciones en el Rigi
## Andreas Fuhrimann, Gabrielle Hächler Architekten

## Monte Rigi, Gersau, Suiza
### 2004

El monte Rigi, llamado «la reina de las montañas», alberga una prestigiosa estación de deportes de invierno situada a una hora de Zúrich. Sus magníficas vistas, que cautivaron al pintor inglés Turner, lo convierten en el entorno perfecto para acoger la casa de vacaciones que comparten los arquitectos Andreas Fuhrimann y Gabrielle Hächler. En las arboladas laderas de la montaña crearon las condiciones ideales para disfrutar del paisaje con ojos de diseñador. La espaciosa vivienda aloja una amplia variedad de ambientes y espacios mediante sencillos cambios de nivel, una planta inclinada, la combinación de materiales suaves y rústicos, y un uso estratégico de las aberturas.

El edificio se halla al borde de una parcela en pendiente, lo más alejada posible de las casas vecinas. Para optimizar el espacio y crear un interior variado, tiene forma de cometa irregular con salientes en dos direcciones. Su estructura de madera está anclada a un sótano de hormigón desde el que asciende un conducto de salida de humos que perfora los tres niveles. En la planta baja, una chimenea monumental compone el eje central del edificio y oculta la estrecha escalera que conduce a los dormitorios. La flexible planta incluye cambios de nivel, y la sala de estar escalonada y la cocina de techo bajo presentan reminiscencias de las cabañas alpinas.

Fuhrimann y Hächler sienten fascinación por el ensamblaje del arte, la arquitectura y el diseño. Para su segunda residencia, estudiaron con esmero las dimensiones y la ubicación de las ventanas a fin de obtener una perspectiva cambiante de los majestuosos paisajes. Al norte, donde el terreno se eleva de manera pronunciada, solo hay cuatro pequeñas aberturas en una sólida piel de madera. Al oeste, las puertas correderas acristaladas, orientadas a vistas específicas, conducen a una terraza al aire libre. Al sur, donde la naturaleza se disfruta en todo su esplendor, un ventanal de 5 metros de longitud enmarca y resume un paisaje espectacular que puede contemplarse desde el banco integrado, en un interior embellecido con profusión de texturas y superficies contrastantes.

1, 2 Vistas exteriores que muestran el paisaje alpino
3   Zona de estar interior
4   Terraza
5, 6 Vistas panorámicas desde el interior
7, 8 Vistas del piso superior
9   Detalle de la escalera

## Casa de vacaciones en el Rigi
Andreas Fuhrimann, Gabrielle Hächler Architekten

**Monte Rigi, Gersau, Suiza**
2004

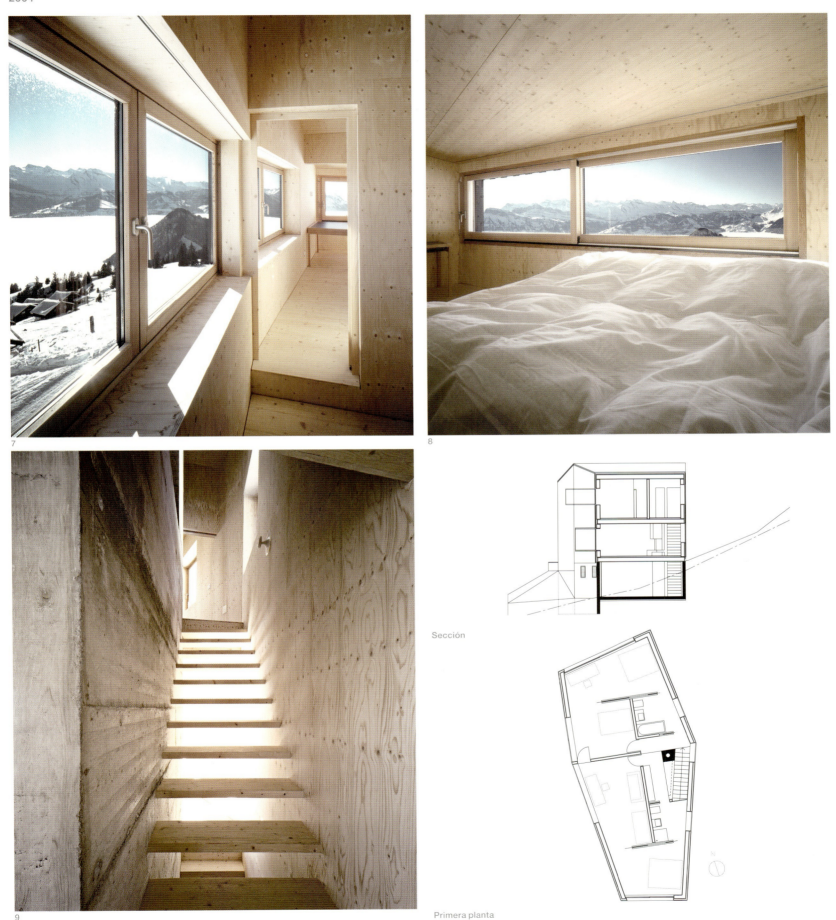

7
8
9

Sección

Primera planta

61

# Casa de la costa
## Aires Mateus

1

2

3

## Litoral del Alentejo, Portugal
### 2004

En los últimos años, la nueva arquitectura portuguesa se ha concentrado en su mayoría en la costa occidental del país. En el sudoeste en particular, ha recibido una poderosa influencia de las sencillas casitas encaladas que salpican todas las zonas rurales del litoral. Estas construcciones, sometidas al sol implacable de la península Ibérica, sientan un precedente para el diseño llevado a cabo en países cálidos o en costas expuestas a las inclemencias meteorológicas. En esta casa del litoral del Alentejo, Aires Mateus adaptó al siglo XXI los principios subyacentes a los edificios tradicionales para crear un nuevo tipo de vivienda rural que, por un lado, es específica de su lugar de origen y, por otro, posee una relevancia universal.

El edificio forma parte de una promoción de cuatro segundas residencias situadas alrededor de una piscina. De figura cuadrada, como es habitual en Aires Mateus, se distribuye en una sola planta, con el consiguiente énfasis horizontal. Solo dos aberturas hienden sus blancas fachadas lisas: una al este y otra al oeste. Este elegante minimalismo armoniza con el paisaje y la tradición, además de ocultar un complejo interior asimétrico, que parece tallado en un volumen sólido tras las gruesas paredes blancas. Los espacios entrelazados del laberinto interior incluyen dormitorios y cuartos de baño perimetrales, una cocina y una zona de estar de planta abierta, con cuatro pequeñas terrazas y un patio central intercalados.

La Casa de la costa explora el concepto del poder de sugestión de la arquitectura. En consonancia con las costumbres del lugar, se sirve de sencillos métodos para producir sutiles cambios en el ambiente y regular la temperatura. Cuando las contraventanas correderas de madera cierran la envolvente externa, la luz del sol y el aire se siguen filtrando por las terrazas y el patio. Del mismo modo, cuando las paredes acristaladas giratorias abren los dormitorios (para crear un espacio flexible con la zona de estar), no se sacrifica la intimidad, sino que se mantiene mediante la inteligente combinación de suelos elevados, techos bajos y nítidas particiones blancas.

1   Piscina
2, 3   Fachada oeste, con la puerta corredera de la terraza
4   Vista de la terraza con la puerta corredera
5   Vista del exterior
6, 7   Detalles de la terraza
8, 9   Detalles del interior

**Casa de la costa**
Aires Mateus

Alzado oeste

Planta

Litoral del Alentejo, Portugal
2004

# Casa Baron
## John Pawson

4

**Skåne, Suecia**
2005

La Casa Baron es una segunda residencia construida en el solar de una finca agrícola tradicional, entre ondulantes campos de trigo y cebada. La vivienda, que consiste en una serie de volúmenes con tejados inclinados dispuestos alrededor de un patio central, se inspira en el carácter e los edificios de la zona. Pese a su gran tamaño, no domina el paisaje y conserva la sensación de intimidad y la escala humana. El meditado empleo de los materiales, la precisión en los detalles y el minucioso control de las vistas la convierten en un hogar luminoso y amplio que sienta un precedente contemporáneo para la construcción de viviendas en entornos rurales.

Al definir cómo querían que fuera su nueva casa, los clientes expresaron el deseo de disfrutar del paisaje sin perturbar la ecología del lugar. De ahí surgió la idea de un edificio de cuatro volúmenes entrelazados de escasa altura, con sencillas paredes blancas, contraventanas de madera oscura y tejados plateados a dos aguas. El diseño, distribuido en una planta baja y un pequeño sótano, conserva la disposición general de los edificios agrícolas anteriores. Se organiza en dos alas principales: una común, de planta abierta, y otra privada, con espacios cerrados, unidas por un pasillo de entrada, abierto en ambos extremos, que muestra las vistas y atraviesa el patio.

El interior de la casa prolonga su sobrio aspecto exterior. Las habitaciones están revocadas de blanco, los suelos son de hormigón vaciado y se ha prestado una atención meticulosa a detalles como el mobiliario angular integrado. El resultado es una abstracción que juega hábilmente con los conceptos de percepción y escala.

En consecuencia, el edificio resulta espectacular por el efecto de la luz sobre las superficies y sobre los escogidos materiales, y no por el uso del color y de una amplia variedad de texturas. De hecho, la principal herramienta de la decoración interior es el ondulante paisaje, captado como en una instantánea a través de las ventanas.

1   Casa en su entorno
2   Zona de estar
3   Detalle de la fachada
4   Comedor
5   Vista desde el nordeste
6   Vista del patio
7   Vista de la zona de estar desde el exterior
8   Baño

**Casa Baron**
John Pawson

Skåne, Suecia
2005

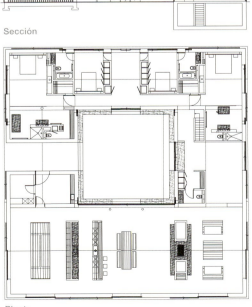

Sección

Planta

# Casa de ladrillo
## Caruso St John Architects

2

**Londres, Reino Unido**
2005

La Casa de ladrillo, construida en una parcela semiescondida situada al final de una hilera de casas adosadas, en una densa trama de edificios, es una vivienda familiar diseñada con la intención específica de propiciar la vida en común. Su planta nada convencional y su perfil anguloso y retranqueado responden a la extraña forma del solar «sobrante» en que se erige y a cuestiones como la luz y la intimidad. Carente de elevaciones sobre la calle, la vivienda constituye una presencia inesperada en el elegante barrio londinense de Notting Hill. En la vibrante zona de estar central, donde el espacio, la luz y la forma fluyen hacia el interior, el predominio de un material corriente crea un entorno familiar integrador.

El edificio consta de dos pisos: uno al nivel de la calle y otro inferior. La planta es casi triangular, con un patio en cada esquina exterior. Más allá de su diseño poco convencional, su distribución asimétrica responde a las normas sociales de la vida en familia. La cocina se halla arriba, en el centro de la actividad, con acceso directo a las zonas de comedor y salón. Esas tres áreas en conjunto configuran el corazón comunitario del edificio: un espacio flexible, de planta abierta, con un majestuoso techo elevado en la parte central. El cuarto de la plancha y las instalaciones de suministros se ocultan en el nivel inferior, que es una zona privada distribuida en forma de celdas. Incorpora una suite principal y tres dormitorios secundarios, cada uno de ellos con acceso a un patio.

Tanto en el interior como en el exterior predomina el ladrillo. La preponderancia de este material, sumamente táctil, unida a la fluidez y la libertad de la planta, aporta al edificio su característica sensación de unidad. El ladrillo, utilizado tanto en los suelos como en las paredes, crea una delineación sutil mediante su disposición en el mortero, lo que redunda en la continuidad espacial y en la percepción del edificio como un objeto tallado en una masa. Realza este efecto el techo de hormigón vaciado y, en concreto, su profundidad a la vista en la zona del comedor y los espectaculares tragaluces escultóricos que lo perforan.

1   Fachada a la calle
2   Zona de la cocina
3   Patio del segundo dormitorio
4   Vista interior de la entrada
5   Vestíbulo de la planta baja
6   Dormitorio principal

**Casa de ladrillo**
Caruso St John Architects

**Londres, Reino Unido**
2005

4

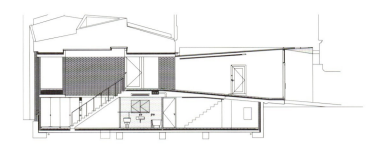
Sección

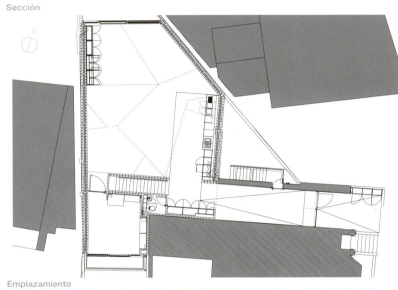
Emplazamiento

5

6

# Refugio Delta
## Olson Sundberg Kundig Allen Architects

**Mazama, Washington, Estados Unidos**
2005

El Refugio Delta es una pequeña segunda residencia ubicada en un valle aislado de la soberbia cordillera de las Cascadas. La encargó un apasionado de los deportes que deseaba contar con un campamento base para ir a esquiar y de excursión, de modo que su misión principal consiste en refugiar a sus ocupantes durante la noche. Es un edificio discreto y sin pretensiones, que dirige la atención al paisaje circundante en vez de centrarla en sí mismo: su reducida tecnificación y su escaso impacto son deliberados. Encaja en su entorno montañoso como una pieza intrincada en un gran rompecabezas, metáfora que se prolonga en el uso de contraventanas correderas para ocultar todas las aberturas cuando el edificio no está ocupado.

La engañosa sencillez del refugio oculta la profunda reflexión dedicada a su diseño y ubicación. De forma compacta y económica, incluye un área principal mínima de 18,5 m². Se eleva sobre el suelo apoyado en pilares y así disfruta de protección frente a posibles actos vandálicos o a las inundaciones de la llanura circundante. Su fácil integración en el entorno reduce al mínimo su impacto ecológico y los ventanales hasta el techo permiten disfrutar de las vistas. Hay dos niveles de alojamiento principales: el primer piso, donde se encuentran los dormitorios y el baño, y el segundo, con la cocina y la zona de estar.

El refugio es de una eficiencia excepcional y casi indestructible. El empleo de una gama limitada de materiales establece una dinámica interesante entre la forma construida y el paisaje. Casi toda la estructura de acero es prefabricada, y cada fachada puede abrirse al cincuenta por ciento para ventilar el interior, donde el acabado predominante es de contrachapado. A través de un clerestorio, la luz natural ilumina el interior incluso cuando las ventanas principales están cubiertas. Las contraventanas se cierran con un sistema de rueda y poleas que arrastra los cuatro grandes paneles de acero sobre las fachadas. De este modo se «clausura» el refugio, sumiéndolo en un anonimato que es a la vez una salvaguarda y un último gesto de respeto por el paisaje.

| | |
|---|---|
| 1, 2 | Vistas del exterior |
| 3 | Espacio habitable interior |
| 4 | La casa en invierno |
| 5, 6 | Panel corredero exterior |
| 7 | Vista de la entrada |
| 8, 9 | Detalles del interior |

**Refugio Delta**
Olson Sundberg Kundig Allen Architects

**Mazama, Washington, Estados Unidos**
2005

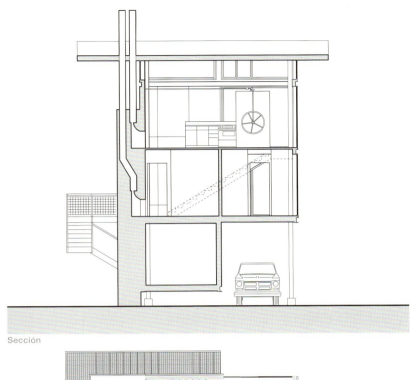

Sección

Primera planta

# Casa de los fuegos artificiales
## Nendo Inc

Chichibu, Prefectura de Saitama, Japón
2005

La Casa de los fuegos artificiales, encargada para una mujer anciana, se construyó con motivo del *Yomatsuri* o «festival nocturno» que se celebra anualmente en Chichibu. En tanto que vehículo destinado a que la clienta disfrutara del espectáculo, el edificio constituye el máximo exponente de la arquitectura por y para las personas practicada por Nendo Inc, un joven estudio multidisciplinar. El arquitecto se propuso crear un hogar intimista capaz de satisfacer las necesidades de su propietaria. El desafío radicó en lograr que una persona en silla de ruedas pudiera disfrutar de una visión única del cielo nocturno, así como crear un espacio de sociabilidad familiar agradable.

Chichibu se encuentra situada en un terreno montañoso. La casa diseñada por Nendo aprovecha esta circunstancia para dotarse de un mirador desde el que poder contemplar el festival de fuegos artificiales celebrado en honor de una divinidad budista. El edificio de unos 120 m² posee una sencilla estructura de madera que refleja tanto las técnicas constructivas del lugar como las limitaciones presupuestarias. Al igual que las casas vecinas, es de proporciones modestas. Su distribución compacta se centra ante todo en la planta baja, un nivel de uso cotidiano concebido como un anillo de zonas de estar accesibles, de planta abierta, dispuestas alrededor de un núcleo central que alberga los servicios básicos. Por contra, el desván de la planta superior consiste en un estrecho mirador al que no se puede acceder sin ayuda.

El edificio está recubierto de acero industrial de color gris mate acabado con un dibujo que imita el enladrillado. En el interior, las vigas vistas y las paredes presentan un acabado de madera sin pulir. Al no haber ventanas a la calle al nivel del suelo, es el tejado el que permite contemplar el cielo a través de grandes aberturas que aportan luz y crean un marco excelente para la contemplación de los fuegos. Pese a la pronunciada pendiente de las cubiertas, el tejado resulta idóneo en el contexto suburbano: al igual que el conjunto del edificio, constituye una audaz manifestación visual al tiempo que respeta el carácter regional.

1 Vista desde el exterior
2 Fachada sur
3 Detalle del mirador
4 Vista del espacio habitable
5, 6 Detalles de la escalera y el techo
7 Vista del desván

3

## Casa de los fuegos artificiales
Nendo Inc

Chichibu, Prefectura de Saitama, Japón
2005

Sección

Planta baja

# Casa Holman
## Durbach Block Architects

**Dover Heights, Nueva Gales del Sur, Australia**
2005

La Casa Holman, situada en lo alto de un acantilado en una próspera urbanización de Sídney, goza de una ubicación excepcional con vistas del océano Pacífico en tres direcciones. Todos los aspectos de la construcción, desde el concepto hasta el último detalle, se basan en el deseo de aprovechar al máximo el magnífico paisaje. Las emblemáticas curvas de la planta la liberan de la estricta geometría de la cuadrícula suburbana y crean una acertada relación con el mar a través de sus avances y retrocesos. El perfil natural de salientes y entrantes genera espacios habitables al aire libre, protegidos de la exposición sin barreras a la costa y del bullicio de la actividad suburbana.

La casa se distribuye en dos pisos, cada uno con un entorno distinto. El nivel inferior es una zona privada y aislada que comprende los baños, los dormitorios de invitados y las áreas de servicio. Se trata de un volumen compacto en piedra sin labrar que retrocede con respecto a la planta y ancla la casa al acantilado. En acusado contraste, el nivel superior constituye un espacio abierto y fluido que gira en torno a la cocina, situada en el centro. Se extiende por todo el solar, con un perímetro ondulante que se bifurca sobre el mar para luego replegarse sobre sí mismo. La secuencia de zonas de estar permite contemplar el paisaje como una serie de imágenes cinematográficas: al norte y al sur hay grandes ventanas con marcos de suelo a techo; al este, una única banda acristalada con ranuras.

En consonancia con las inquietudes formales de la planta del edificio, los materiales y las técnicas de construcción elegidos abundan en el concepto de la relación entre «lo saliente» y «lo entrante». Las alas de estar y de comedor forman sobre el borde del acantilado espectaculares voladizos que se apoyan en esbeltos pilares. Una puerta corredera de vidrio se abre a un patio orientado al norte que se curva hacia el interior sobre un lecho de pizarra gris azulada. Los muros bajos continúan hasta convertirse en los límites de un jardín paisajístico en terrazas que incluye una piscina. En todo el conjunto, constituye una prioridad la consecución de la iluminación óptima, la mejor ventilación y las vistas más hermosas mediante la interdependencia entre el edificio y su entorno.

| | |
|---|---|
| 1, 2 | Vistas del exterior |
| 3 | Vista de la terraza exterior |
| 4 | Sala de estar con vistas al mar |
| 5, 6 | Cocina y espacios habitables |

**Casa Holman**
Durbach Block Architects

**Dover Heights, Nueva Gales del Sur, Australia**
2005

6

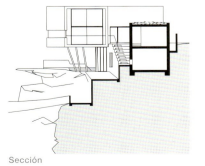

Sección

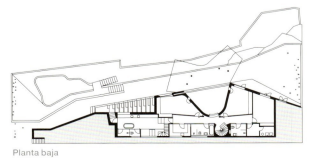

Planta baja

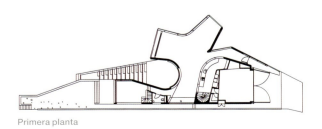

Primera planta

# Casa en Brione
## Markus Wespi Jérôme de Meuron Architects

**Brione, Locarno, Suiza**
2005

En Brione, un barrio de la ciudad de Locarno con numerosas viviendas independientes, se respira un ambiente de zona residencial. Las espectaculares segundas viviendas de estilos muy variados construidas en las laderas se disputan las mejores vistas de las montañas, la ciudad y el lago Mayor. La sencillez de formas de esta vivienda de los arquitectos suizos Marcus Wespi y Jérôme de Meuron constituye una reacción modesta ante la diversidad visual del entorno.

La casa es sorprendentemente rectilínea. Los muros, construidos con piedra de la zona, parecen emerger de la ladera a modo de nexo entre la casa y el entorno natural. Los dos volúmenes cúbicos se distribuyen en distintos niveles de la pendiente y se cruzan en perpendicular en forma de L. El bloque superior se erige en el valle, en paralelo con sus contornos. La zona residencial se estructura en el salón sin tabiques del primer piso y los dormitorios de la segunda. El nivel inferior incluye un sgaraje semienterrado cubierto con una piscina.

El interior del edificio se concibió como una serie de espacios excavados en la piedra. Los sólidos muros exteriores, perforados por dos únicas aberturas (con celosías de madera), no permiten adivinar la complejidad de los espacios interiores. El elemento definitorio se halla en el punto de unión de los dos bloques, donde surge un vacío cavernoso con un techo de hormigón inclinado. En un detalle simple pero meditado, un tragaluz alargado aporta luz direccional intensa, que contrasta con los rayos tamizados procedentes del patio. El efecto es espectacular pero contenido, y no tiene impacto alguno fuera de la envolvente del edificio. Con discreción y sobriedad, los arquitectos ofrecen una alternativa al caos suburbano.

| | |
|---|---|
| 1, 2 | Vistas del exterior |
| 3 | Detalle del tragaluz |
| 4 | Entrada al garaje |
| 5 | Escalera del garaje |
| 6, 7 | Vestíbulo y cocina |
| 8 | Piscina con vistas al lago |
| 9, 10 | Espacios habitables |

## Casa en Brione
Markus Wespi Jérôme de Meuron Architects

Brione, Locarno, Suiza
2005

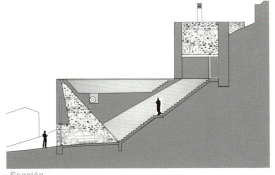

Sección

Primera planta

# Casa SH
## Hiroshi Nakamura & NAP Architects

1
2
3

90

4

**Tokio, Japón**
2005

La Casa SH constituye una rareza en el ámbito de las ciudades modernas: se trata de una vivienda de nueva construcción para una familia completa. Encajada, no sin dificultades, en el denso paisaje urbano de Tokio, refleja la escala de los edificios cercanos pero por lo demás carece de detalles residenciales. La fascinante fachada en blanco que se abre a la calle tiene como único rasgo distintivo su emblemática «protuberancia». Lejos de entrar en conflicto estilístico con su entorno, introduce una estética más discreta y suave. La fachada se hace eco de un interior construido en torno a las necesidades de la familia y en respuesta a las inquietudes del arquitecto, que desea acercar la arquitectura a las personas.

La forma de la casa, incluida la fachada protuberante, responde al deseo de habilitar el máximo espacio con la mayor cantidad de luz posible en una pequeña parcela orientada al norte. El edificio, que alcanza la altura máxima permitida, se estructura en una serie de pisos unidos en vertical por una escalera de caracol. Su rasgo distintivo es el espacio vacío situado al norte de la planta, que sirve para difundir por todo el edificio la luz natural que penetra por el gran tragaluz del techo. El espacio, la función y la intimidad no se definen en términos convencionales sino mediante la intensidad y cualidad de la luz.

El segundo piso, que abarca toda la amplitud del edificio, alberga las zonas nucleares de la vivienda, la sala de estar y el comedor. Consciente de la importancia de esta zona para la vida familiar moderna, el arquitecto optimizó el espacio, tanto física como visualmente, con el máximo grado de innovación. De planta abierta en su mayor parte, se concentra en la protuberancia blanca que tan asombrosa resulta vista desde la calle. Este abombamiento se comporta al mismo tiempo como escultura y mobiliario, es un lugar donde relajarse mientras la luz danza con alegría y propicia distintos ambientes según el momento del día. Hiroshi Nakamura creó una arquitectura con la que la familia puede relacionarse de forma activa.

| | |
|---|---|
| 1 | Vista de la casa desde la calle |
| 2 | Detalle de la escalera de caracol |
| 3 | Fachada norte |
| 4, 5 | Vistas de los espacios habitables |
| 6 | Detalle del tragaluz |
| 7, 8 | Vistas del interior con la escalera de caracol |

**Casa SH**
Hiroshi Nakamura & NAP Architects

Sección

Primera planta

92

**Tokio, Japón**
2005

# Casa del loto
## Kengo Kuma & Associates

Prefectura de Kanagawa, Japón
2005

La Casa del loto es una tranquila residencia de montaña concebida para huir de la ciudad los fines de semana. Al tratarse de un lugar donde refugiarse del bullicio de la vida cotidiana, Kengo Kuma tuvo la oportunidad de distanciarse de la arquitectura de la solidez. El edificio encarna el diseño de toque delicado, más centrado en el exterior que en el interior, y proporciona un espacio de transición entre las montañas y el río.

La vivienda se enmarca con comodidad en la tradición de la arquitectura japonesa, que resalta las líneas horizontales. Se divide en dos alas y se organiza como una secuencia de habitaciones distribuidas en dos plantas, con un pasillo de unión que abraza el extremo norte. Desde la carretera, muestra un aspecto discreto, pero se abre con espectacularidad al otro lado, donde desciende en dirección al río. Allí se presenta como un complejo tablero de ajedrez formado por espacios sólidos y huecos, con un patio y un estanque con lotos como elementos principales. El ritmo establecido por el cristal y el agua, la piedra y el aire difumina los límites entre el interior y el exterior. La casa recuerda casi a un pontón que amenazara con desatarse del amarradero cualquier día.

La arquitectura de Kuma se centra en el empleo de materiales naturales de un modo que desafía nuestras ideas preconcebidas con respecto a su propósito y cualidades. En la Casa del loto trabajó mucho con travertino. Al aplicar con amplitud el tema de los sólidos y los vacíos al revestimiento del edificio, creó una malla que ilumina y ventila el interior de manera natural. Las finas planchas de travertino se unen a un esqueleto de acero, que presenta el innovador aspecto de una cadena de eslabones planos, lo que significa que cada pieza se mantiene en su sitio por la presión de los elementos adyacentes. El sistema aporta flexibilidad ante las fuerzas y movimientos externos. En un sentido más poético, produce un efecto de suspensión sin esfuerzo que establece paralelismos entre la luminosidad de la piedra y los pétalos de loto que dan nombre a la casa.

1    Entrada principal a la casa
2    Fachada sur
3    Patio con vistas al estanque de lotos
4    Balcón del primer piso
5    Patio central
6    Vista del patio desde el primer piso

**Casa del loto**
Kengo Kuma & Associates

Prefectura de Kanagawa, Japón
2005

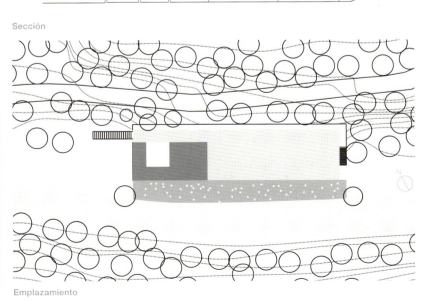

Sección

Emplazamiento

# Casa tajada
## Procter:Rihl

**Porto Alegre, Río Grande del Sur, Brasil**
2003

La Casa tajada es una residencia urbana para una persona que recibe invitados con mucha frecuencia. Debe su nombre a la forma estrecha y alargada de la parcela que ocupa en un suburbio de Porto Alegre de trama urbana muy densa. Al tratarse de una ciudad donde la mayor parte de la población es de ascendencia europea, resulta muy apropiado que el edificio constituya una mezcla deliberada de influencias brasileñas y británicas, que combina zonas de planta abierta y extrovertidas con otras cerradas y discretas. Su ondulante diseño asimétrico se elaboró con técnicas de construcción locales y se adapta al clima y al contexto; aun así, en el aspecto formal es único.

La extraña forma de la parcela, rodeada de edificios altos, convertía en un reto el requisito de construir una casa bien iluminada y espaciosa con una zona privada al aire libre. El resultado es una vivienda de planta lineal sencilla que adquiere tres dimensiones por un efecto óptico. El interés del arquitecto por las geometrías complejas le ha permitido crear la sensación de un espacio mayor a través de la colocación en ángulo de las paredes y techos. La planta baja consta básicamente de una habitación alargada que incorpora un gran patio cubierto. Transmite una sensación de profundidad impactante y se ilumina mediante su rasgo de diseño principal: el volumen transparente de la piscina. En el piso superior, las expansiones y contracciones del cambiante techo de hormigón sugieren una diferencia de escala y ambiente entre las zonas privadas y las de relación social.

La casa se construyó en hormigón armado utilizando una técnica de vertido local. El exterior expresa la dualidad del diseño, con extensiones de hormigón visto combinadas con los detalles de precisión británica de los elementos de acero, entre ellos las rejillas de protección del sol y toda la fachada principal. En el interior, el mobiliario integrado marca del arquitecto realza la naturaleza libre del espacio. El elemento más emblemático es un mostrador de 7 metros de longitud que sirve como mesa de comedor, superficie de trabajo y jardinera.

| | |
|---|---|
| 1 | Vista aérea de la casa |
| 2 | Vista desde la calle |
| 3 | Zona de descanso y piscina |
| 4 | Vista de la zona de estar |
| 5, 6 | Terraza con la piscina |
| 7 | Escalera interior |

3

Casa tajada
Procter:Rihl

Porto Alegre, Río Grande del Sur, Brasil
2003

5

6

7

Sección

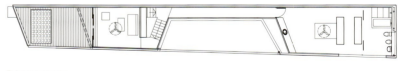
Primera planta

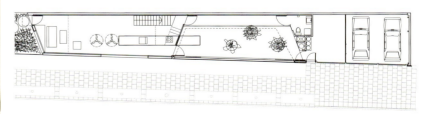
Planta baja

101

# Casa paraguas solar
## Pugh + Scarpa Architects

**Santa Mónica, California, Estados Unidos**
2005

La Casa paraguas solar es un anexo que reinterpreta el concepto de bungalow de la década de 1920 para convertirlo en un modelo de vivienda sostenible del siglo XXI. Diseñada para una pareja y su hijo, ejemplifica el carácter innovador de la obra de Pugh + Scarpa. Al desdibujar los límites entre interior y exterior, lleva a sus últimas consecuencias las ideas de los primeros vanguardistas de California y las explota en pro de mejoras estéticas y ambientales. Se inspira en la Casa paraguas de Paul Rudolph, provista de un parasol que proporciona a la vivienda su forma icónica y elegante.

La vivienda ocupa un solar largo y estrecho en un barrio suburbano de casas bajas. El anexo transforma el edificio original en una amplia residencia de dos plantas, reorientada hacia el sur. Ahora tiene una apariencia más ligera, con un interior acondicionado para que las vistas, el aire y el espacio fluyan libremente. El nuevo porche de entrada, con la suite principal encima, ocupa una discreta posición lateral, de modo que el punto más alto del edificio tenga el mínimo impacto en los vecinos. La pieza central es la elevación del lado sur, totalmente acristalado y retráctil en la planta baja para que el generoso salón de nueva factura se funda física y visualmente con el jardín.

Por toda la casa se diseminan diversos elementos que desempeñan un papel clave tanto a la hora de aportar un toque de diseño como de incorporar prestaciones ambientales. Por ejemplo, la cubierta de paneles solares, que envuelve la terraza del tejado y la elevación sur, crea una composición abstracta con sus pantallas y sus paredes de soporte. No solo da sombra al edificio, sino que además absorbe la luz solar y genera la electricidad necesaria para el funcionamiento de la casa. Dentro, se emplea con honestidad e inventiva una paleta de materiales reciclados y funcionales. La luz se orienta a las superficies vistas de acero, conglomerado y Homasote (paneles de papel reciclado comprimido) para crear un interior vibrante, lleno de color y de texturas.

1 Casa en su entorno
2 Vista desde el jardín
3 Sala de estar
4 Fachada sudeste
5 Comedor
6 Dormitorio principal
7 Patio y cubierta de paneles solares

3

**Casa paraguas solar**
Pugh + Scarpa Architects

Santa Mónica, California, Estados Unidos
2005

5

6

7

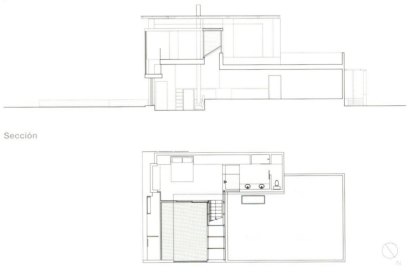
Sección

Primera planta

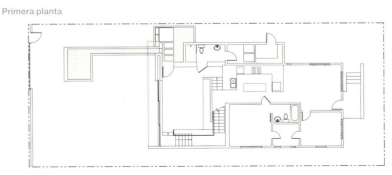
Planta baja

# Casa en St. Andrews Beach
## Sean Godsell Architects

**Península Mornington, Victoria, Australia**
2005

La casa de St. Andrews Beach es una segunda residencia encargada por un cliente deseoso de reconciliarse con la naturaleza. Se encuentra en una parte de costa donde está permitido construir hasta la orilla. El edificio, dotado de un enfoque espacial fluido e informal y protegido por un caparazón exterior, responde con sus magníficas vistas al despejado frente marino. Por otra parte, su deliberada ambigüedad entre interior y exterior se enmarca en el amplio campo de investigación de Sean Godsell sobre la evolución de la arquitectura australiana, así como en sus referencias a las casas tradicionales de las zonas despobladas.

La vivienda consta de tres dormitorios distribuidos en una sola planta. El sencillo plano rectangular se divide con claridad en dos zonas, la privada y la compartida. Hay una sala de estar abierta en la zona cercana al mar y un conjunto de dormitorios y baños en la parte trasera. Tal como solicitó el cliente, el edificio carece de pasillos interiores. Se accede a cada habitación a través de una pasarela cubierta, un espacio exterior incluido en la envolvente del edificio. A cada extremo de la pasarela hay una galería abierta y un pasadizo abierto a los lados separa las dos zonas. Moverse por la casa supone una transición entre interior y exterior, que manifiesta el interés del arquitecto en lo que él llama «espacio de terraza abstracto».

Para aprovechar al máximo las vistas del lugar elevado, la casa se apoya sobre columnas. La ininterrumpida cubierta exterior de enrejado de acero industrial oxidado contribuye a convertir el edificio en un objeto singular. Los paneles, provistos de bisagras para que puedan abrirse, actúan como parasol. La duradera envolvente protege el interior del expuesto ambiente de la costa. Hace las veces de filtro, modera los extremos climáticos y al mismo tiempo ventila la casa. Desde el punto de vista estético, crea un marco para la zona oriental acristalada, que abre el interior al increíble paisaje marítimo.

| | |
|---|---|
| 1, 2 | Exterior de acero oxidado |
| 3 | Vista de la sala de estar |
| 4 | Fachada sur |
| 5, 6 | Detalles del exterior |
| 7 | Parte superior de la escalera de entrada |
| 8, 9 | Espacios habitables |
| 10 | Vista de la costa desde el interior |

Casa en St. Andrews Beach
Sean Godsell Architects

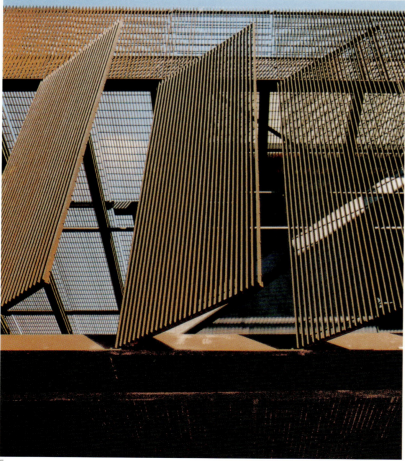

Península Mornington, Victoria, Australia
2005

7

8

9

10

Alzado norte

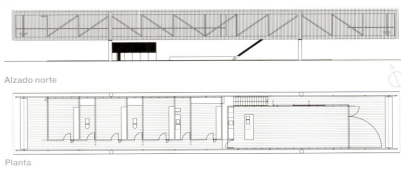

Planta

# Casa Tóló
Alvaro Leite Siza Vieira

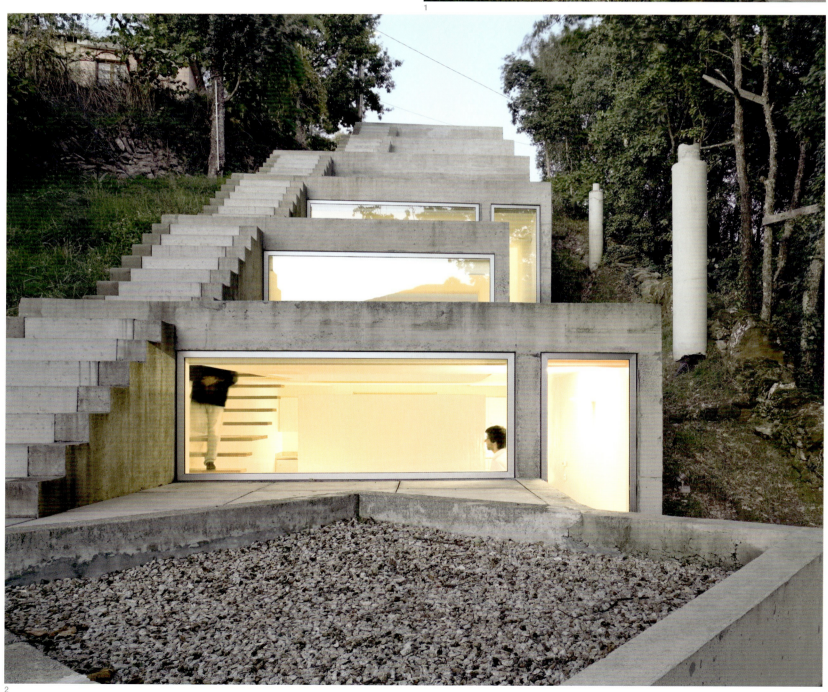

**Vila Real, Porto, Portugal**
2005

La Casa Tóló se escalona en un terreno montañoso del norte de Portugal. Su forma fragmentada y abstracta se deriva de su entorno, un lugar tan querido por el cliente que quiso construirse en él una segunda residencia a pesar de sus limitados fondos. El arquitecto tuvo que afrontar el desafío de acomodar, en un solar precioso pero con muchas limitaciones, una vivienda familiar aceptable con un presupuesto moderado. Lo consiguió aprovechando las pautas inherentes a la naturaleza de la topografía, hasta el punto de que creó un edificio que no solo se asienta en el terreno, sino que circula por, sobre y a través de él.

El plano se basa en el aprovechamiento más económico y racional posible del solar, que es empinado, largo y estrecho. Para evitar trabajos preparatorios intrusivos, que hubieran cambiado completamente su carácter, se requería encontrar la manera de aceptar la inclinación. El edificio no constituye un solo volumen unificado sino una sinuosa cascada de pequeños módulos intercomunicados y soterrados en parte en la ladera. Cada módulo se destina a un uso doméstico específico: sala de estar, dormitorio, despacho, etc., unas funciones claramente visibles a través de las ventanas panorámicas de los innumerables planos de hormigón que forman la elevación sur. En contraste, la elevación norte no es una fachada, sino una plataforma de hormigón que sobresale para acoger las vistas.

El rigor geométrico preside el deslizamiento del edificio ladera abajo, con los tres dormitorios formando un ángulo con la pendiente. Esto aporta la intimidad necesaria dentro de un interior integrado que incluye una generosa zona de estar de planta abierta. La vivienda, conectada por rítmicos escalones exteriores que recorren toda la extensión del terreno, tiene a su disposición las cubiertas, que pueden utilizarse como patios y sitúan el edificio dentro de una amplia tradición vernácula. Sirven para animar el exterior con actividad humana y permiten emplear con eficiencia todos los niveles disponibles.

| | |
|---|---|
| 1 | Ladera |
| 2 | Exterior desde el sur |
| 3 | Sala de estar |
| 4, 5 | Detalles del exterior y de los patios |
| 6 | Escaleras interiores |
| 7, 8 | Vistas del interior |

**Casa Tóló**
Alvaro Leite Siza Vieira

**Vila Real, Porto, Portugal**
2005

6

7

8

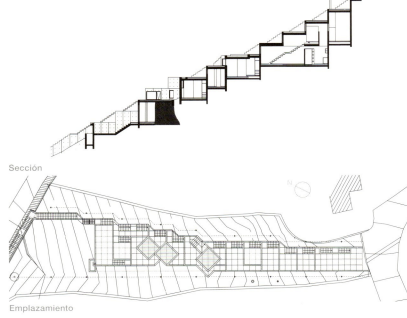

Sección

Emplazamiento

# Casa Wheatsheaf
## Jesse Judd Architects

Daylesford, Victoria, Australia
2005

La casa Wheatsheaf, concebida como segunda residencia, responde de una forma tan inteligente como enigmática a su entorno boscoso y remeda los edificios tradicionales de Australia.

Situada en un claro de una plantación de eucaliptos abandonada, la vivienda consta de dos cuerpos en forma de C colocados uno al lado del otro. La estructura se basa en un costillar de marcos de acero envueltos en acero ondulado y forrados de madera contrachapada teñida de color naranja. El empleo de acero ondulado evoca los viejos cobertizos y anexos de las granjas, tan comunes en la zona. La vivienda se asienta sobre un zócalo que la eleva varios centímetros sobre el terreno y dispone de amplios espacios acristalados con puertas correderas.

El mayor de los dos cuerpos contiene una sala de estar de planta abierta, con comedor y cocina; el espacio menor aloja de manera ordenada tres dormitorios y un cuarto de baño comunicados por un pasillo. La forma curva de la casa desdibuja la diferencia entre las paredes, el suelo y el techo, que se funden en una cálida y cómoda continuidad de madera teñida. La configuración de la casa es fundamental en la relación con su entorno; al mismo tiempo que arropa el espacio interior, ofrece una vista panorámica del bosque. La plataforma de madera recuperada que se extiende alrededor de la vivienda brinda una nueva oportunidad de disfrutar del medio, y la elevación sobre el suelo asegura un impacto mínimo en el entorno, por cuanto los animales salvajes pueden pasar por debajo tranquilamente. La posición elevada de la estructura también contribuye a dar la sensación de que puede ser trasladada a otro lugar con relativa facilidad, una condición visual del encargo.

1 Vista desde el norte
2 Fachada este
3 Sala de estar con vistas al bosque
4 Exterior de acero curvado
5 Plataforma exterior de madera
6, 7 Vistas de la vivienda

3

**Casa Wheatsheaf**
Jesse Judd Architects

Daylesford, Victoria, Australia
2005

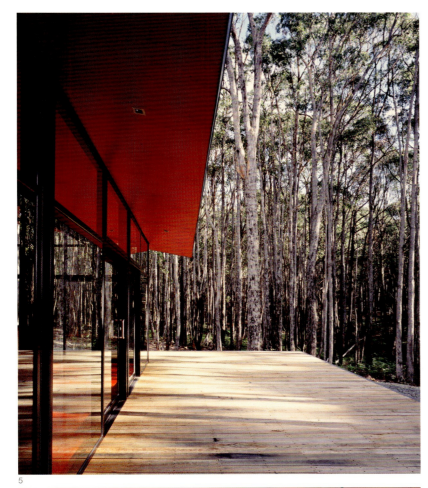

5

6

7

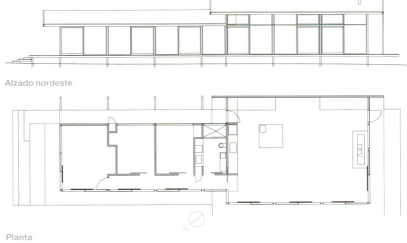

Alzado nordeste

Planta

# Casa Fink
## Dietrich Untertrifaller Architekten

Bezau, Bregenz, Austria
2006

La Casa Fink constituye un ejemplo de vivienda alpina, un estilo cada vez más en boga. Se encuentra en Bregenzerwald, en la provincia austríaca de Vorarlberg, una zona que concentra un gran núcleo de arquitectura de alto nivel. Pese a la influencia tradicional, constituye un apacible refugio para la familia moderna, lo cual refleja el cambio cultural que ha supuesto pasar de una forma de vida agrícola a otra basada en el ocio y el turismo. La casa es respetuosa con su entorno. En concreto, la Casa Fink se engloba en la tradición arquitectónica de Vorarlberg debido a la integración de una serie de espacios y funciones en una forma compacta y a la utilización moderada de abeto plateado para revestir el exterior.

La Casa Fink, inclinada como el terreno en el que se asienta, se distribuye en tres niveles: un apartamento independiente en la planta baja, y encima, la casa principal. Dispone de numerosos espacios exteriores, como la terraza del apartamento y dos porches con suelo de madera orientados hacia el sol y las vistas alpinas. Estos elementos, al igual que el garaje de la planta baja, están integrados dentro de la base rectangular del edificio, lo que permite explotar las cualidades estructurales de los marcos de madera, los cuales contribuyen a mantener la forma del edificio y le confieren su aspecto característico, un juego dinámico de planos y vacíos, de presencia y ausencia.

Bajo la influencia de las cualidades táctiles de los tejados vernáculos a dos aguas, las fachadas con delicados detalles de la Casa Fink se basan en una rítmica mezcla de tablones de abeto blanco sin tratar y tiras de cristal. La oposición entre los planos y los vacíos se acentúa mediante el uso de chapas de abeto en los entrantes. En el interior, la planta abierta del piso superior, con el comedor, la sala de estar y la biblioteca, pone el énfasis en la horizontal. La percepción de la casa como una pieza del paisaje se hace extensiva a todos los detalles del diseño, desde las superficies ininterrumpidas de nogal hasta las manivelas y las persianas.

1   Vista desde el sur
2   Fachada oeste
3   Comedor del piso superior
4   Fachada este
5   Detalle de la escalera
6   Sala de estar del piso superior
7   Vista desde la terraza

**Casa Fink**
Dietrich Untertrifaller Architekten

**Bezau, Bregenz, Austria**
2006

7

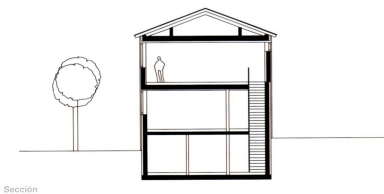

Sección

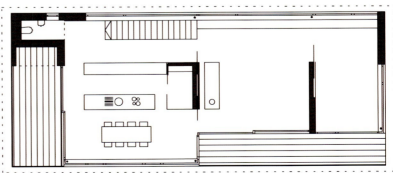

Primera planta

# Maison E
## Shigeru Ban Architects

Iwaki, Prefectura de Fukushima, Japón
2006

La Maison E es una residencia privada diseñada para cubrir las necesidades de una familia numerosa. Situada en la costa, a unas dos horas al norte de Tokio, ocupa el punto más alto de un vecindario tranquilo, junto a un bloque de apartamentos. Basada en un riguroso sistema de entramado, ejemplifica el racionalismo de Shigeru Ban y su interés por la lógica geométrica propia del vanguardismo occidental. Ello, unido a un leve acercamiento arquitectónico a la sensibilidad japonesa para crear un entorno óptimo, da como resultado un sutil equilibrio entre lo privado y lo público, lo interior y lo exterior.

Con sus 1.200 m², la casa es considerablemente grande para tratarse de una vivienda unifamiliar, pero mantiene el sentido de intimidad mediante las cuidadas proporciones de los distintos espacios. Distribuida en dos plantas, se basa en un plano interiorizado deliberadamente para minimizar los efectos de la actividad en las calles del entorno. Consta de un conjunto de pabellones de acero liviano dispuestos alrededor de una galería central que aporta luz y aire al corazón del edificio. La coherencia se mantiene mediante las excelentes líneas de visión y la geometría subyacente al plano, derivada de una estricta trama de cuadrados grandes y pequeños.

La Maison E la encargó el propietario de una empresa de moda y, en el aspecto estilístico, es tan atemporal como comedida. El arquitecto ha incorporado dentro del plano una serie de espacios exteriores: una piscina, patios y jardines. En atención a la particular sensibilidad de los japoneses con respecto a la división del espacio, el esqueleto estructural de acero alberga en su interior un mosaico de paneles: opacos, translúcidos, transparentes y vacíos. De este modo, se aporta una pantalla allí donde es necesaria la intimidad, conservando al mismo tiempo la dinámica familiar y creando una perspectiva cambiante de las cautivadoras vistas de las montañas.

| | |
|---|---|
| 1 | Vista del patio de entrada |
| 2 | Fachada este |
| 3 | Vista a través de un patio interior |
| 4 | Esquina nordeste de la casa |
| 5, 6 | Vistas de los espacios habitables |
| 7 | Patio con piscina |
| 8 | Baño |

**Maison E**
Shigeru Ban Architects

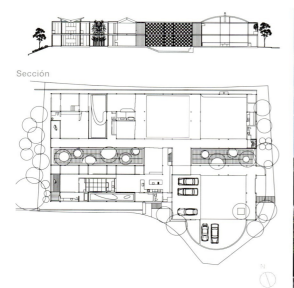

Sección

Planta baja

Iwaki, Prefectura de Fukushima, Japón
2006

# Casa mimética
## Dominic Stevens Architects

**Dromahair, condado de Leitrim, República de Irlanda**
2006

El término mimético hace referencia a la imitación o mímica. En el caso de la pequeña vivienda rural de Dominic Stevens, resume a la perfección el carácter de un edificio que se comporta como un espejo siempre cambiante del paisaje montañoso de Irlanda. La obra de Stevens presta una gran atención a la búsqueda de un compromiso entre una nueva arquitectura responsable y un entorno habitable y productivo. La Casa mimética, asentada sin estridencias en una zona de paso, encarna a la perfección sus ideas, por cuanto la rica textura de la campiña repercute en la forma construida, y no al revés.

Se trata de un edificio modesto, tanto por su presencia física como por su coste. Se diseñó para un par de artistas conceptuales sin demasiados recursos, que querían vivir y trabajar en el campo. Consta de dos plantas y de dos cuerpos espacialmente distintos —«earthwork» y «framework»—, con ambientes bien diferenciados. El piso inferior está soterrado en parte: un ambiente íntimo para dormir, bañarse y dedicarse al trabajo contemplativo. La planta superior es un espacio flexible, de planta abierta y angular, concebido para vivir, comer, reunirse y colaborar artísticamente. Los dos pisos se comunican a través de una columna de hormigón reforzado, que aloja un único enlace vertical, una escultórica escalera de caracol.

Las paredes inclinadas de la planta superior constituyen una rítmica alternancia de planos irregulares sólidos y huecos. El contraste entre las blancas paredes y el acristalamiento crea un interior poco común, que filtra vistas abstractas de las colinas circundantes y goza de una atmósfera cambiante en función de la meteorología.

En el exterior, las zonas opacas están revestidas con espejos y dispuestas en un ángulo que refleja más tierra que cielo. De este modo, el edificio se convierte en una presencia fantasmagórica, casi invisible de día y resplandeciente de noche con la radiante luz interior.

1, 2  Vistas exteriores de la casa
3     Sala de estar
4     Detalle del exterior
5     Vista exterior a la hora del crepúsculo
6     Vista desde una ventana del estudio
7     Cocina

3

**Casa mimética**
Dominic Stevens Architects

**Dromahair, condado de Leitrim, República de Irlanda**
2006

5

6

7

Sección

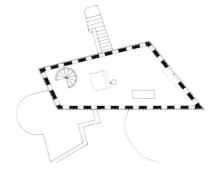

Planta baja

129

# Casa anillada
## Makoto Takei + Chie Nabeshima/TNA

Karuizawa, Prefectura de Nagano, Japón
2006

Karuizawa es una urbanización con más de 300 viviendas en un idílico entorno boscoso. Situada a tres horas en coche al noroeste de Tokio, ofrece un refugio tranquilo a los habitantes de la ciudad, para los cuales se creó con meros fines especulativos. Al aceptar el encargo de diseñar una casa en Karuizawa, los arquitectos se encontraron con un solar difícil, de terreno empinado y envuelto en un bosque denso. Una vez asumido el desafío de estos retos, disfrutaron con la libertad de proyectar un edificio fuera del entorno urbano. Libres de las ataduras derivadas de temas como la intimidad, los arquitectos desarrollaron la idea de un objeto circular. El nombre de la casa no solo tiene connotaciones arbóreas, sino que define a la perfección un edificio situado en medio de un entorno natural particular e íntimo.

La posición exacta de la vivienda vino determinada por cuestiones de directrices y límites, pero responde sobre todo a la delicada ecología del entorno. El edificio, de la altura máxima permitida, se asienta sobre la cresta del solar y muestra un estilizado perfil vertical con un entramado compacto. La vivienda consta de un sótano soterrado en parte, tres plantas y una terraza sobre el tejado difícil de ver desde el exterior.

La visión diáfana del interior se ve interrumpida por los «anillos», que subrayan el concepto de diseño basado en la composición rítmica de las fachadas y en el juego dinámico de sólidos y huecos. Todos los pisos tienen la misma altura, articulada por anillos de cedro y vidrio que envuelven un marco interior de ligera madera de ramen. El pavimento queda oculto tras los planos sólidos, igual que los elementos funcionales a medida, como la encimera de la cocina y el horno. El efecto general es el de una composición única, sin partes delanteras ni traseras discernibles. El énfasis horizontal establece un hermoso juego con la escala y la proporción de la casa y las vistas ininterrumpidas a través de la estructura conservan el carácter del bosque existente.

1    Detalle de los anillos de cedro
2, 3  Vistas del exterior de noche
4    Casa en su entorno
5    Vista del interior
6    Cuarto de baño con la bañera empotrada en el suelo

**Casa anillada**
Makoto Takei + Chie Nabeshima/TNA

Karuizawa, Prefectura de Nagano, Japón
2006

5

6

Sección

Planta baja

# Casa en Pego
## Siza Vieira Arquiteto

**Praia Grande, Portugal**
2007

La Casa en Pego es una vivienda familiar de cinco dormitorios situada en una posición elevada, de cara a la población costera de Praia Grande. Su perfil largo, bajo y con múltiples brazos entra en contraste con las villas de vacaciones vecinas, pero mantiene una absoluta armonía con la topografía local. Su diseño escalonado responde al perfil del solar, que desciende hacia el mar. Los materiales predominantes son la madera y la piedra, además de las plantas del tejado. La angulosa planta no concuerda del todo con la obra «racional» de Siza Vieira, pero el fuerte arraigo al lugar sí que está en consonancia con sus creaciones.

El plano de la casa, distribuido en una sola planta con cuatro sutiles cambios de nivel, parece una flor, con habitaciones que salen a modo de hojas de un tallo central. Desde la discreta entrada principal al sur, el visitante avanza por un estrecho pasillo hasta una pequeña estancia situada a la izquierda y dos a la derecha. Pasado este espacio, la flor se abre para dejar al descubierto un total de seis habitaciones dispuestas en varias direcciones. La distribución parece errática, pero tiene un orden subyacente. Los dormitorios quedan al este del tallo, con espacios entre sí; la sala de estar y la cocina se solapan al oeste y se abren hacia las terrazas y la piscina.

El edificio es de mampostería resistente, revestida de piedra pulida y de madera tratada. Los listones verticales de madera acentúan los numerosos ángulos de la casa y subrayan la forma cúbica de los diversos cuerpos. El ritmo que establecen lo mantienen las contraventanas de madera que se pliegan para proteger las puertas de doble vidrio de cada habitación. Según les apetezca a los ocupantes, pueden obtener absoluta intimidad o abrir la casa a las vistas del mar y del jardín de diseño, enmarcadas a la perfección.

1   Entrada principal
2   Fachada oeste
3   Sala de estar con puerta corredera de madera
4   Vista de la cubierta desde el norte
5   Piscina y terrazas
6, 7   Vistas exteriores y contraventanas
8, 9   Vistas de los espacios habitables
10   Comedor

3

**Casa en Pego**
Siza Vieira Arquiteto

**Praia Grande, Portugal**
2007

8

9

10

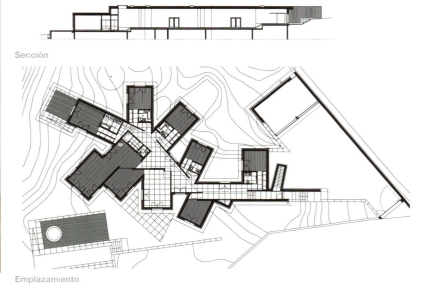

Sección

Emplazamiento

# Casa O
## Sou Fujimoto Architects

Chiba, Prefectura de Chiba, Japón
2007

Situada sobre la rocosa costa de Tateyama, a dos horas al sur de Tokio, la Casa O es un refugio de fin de semana y una puerta al Pacífico. Con una fachada desnuda hacia la carretera y otra acristalada hacia el mar, media entre los universos de lo construido y de la naturaleza. Su simplicidad formal esconde un rigor subyacente que consigue magníficas vistas del mar al estilo de las películas. Se obtiene de este modo una experiencia del espacio que es al mismo tiempo orquestada e íntima y que cambia constantemente dentro del comedido interior repleto de finos detalles.

La casa, distribuida en una sola planta, ocupa casi toda la anchura del solar. El plano es geométrico, pero muy irregular y con muchas ramificaciones. Las zonas privadas ocupan los extremos del «árbol», y hacia el centro, donde se encuentran la sala de estar y el comedor, el espacio se vuelve más fluido. Al no haber tabiques internos, la transición entre las diversas zonas carece de «costuras» y a través del espacio se establecen profundas vistas. En las recluidas esquinas del norte se abren tragaluces que aportan luz adicional y crean interiores atmosféricos, en contraste con la sensación de apertura conseguida en el lado sur, donde la casa acoge el océano a través de paredes totalmente acristaladas y sin marcos.

La Casa O es una vivienda sin fronteras. Celebra los confortables espacios «intermedios» que son el eje de la vida contemporánea. La idea de una sola pieza abraza el proyecto entero, desde el plano general hasta el más pequeño detalle. En la medida de lo posible, se mantienen las superficies libres y continuas mediante la ocultación de las aberturas y la integración de los elementos. La elección de los materiales se basa en las posibilidades que ofrecen a la hora de crear distintas sensaciones, de acuerdo con su aplicación y acabado. El hormigón sobreabunda: rugoso y granulado en el exterior, suave y pulido en el interior. El suelo de tatami sitúa la casa en el entorno japonés, del mismo modo que el vidrio la une al medio circundante.

1 Vista desde la costa
2 Detalle de la fachada este
3 Vista de los espacios habitables
4 Fachada oeste cerrada
5 Espacios habitables abiertos
6, 7 Espacios interiores con vistas de la costa

Casa O
Sou Fujimoto Architects

Chiba, Prefectura de Chiba, Japón
2007

6

7

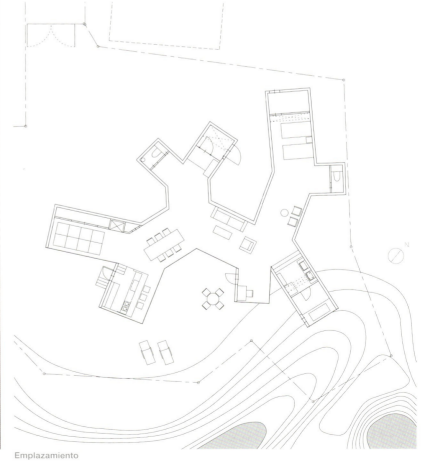
Emplazamiento

# Villa 1
## Powerhouse Company

Bennekom, Ede, Países Bajos
2008

La Villa 1 es el primer proyecto importante de un estudio emergente, que califica su creación de casa «del revés». Para aprovechar el espacio al máximo y cumplir al mismo tiempo todas las directivas locales en cuanto a altura y tamaño se distribuye en dos plantas de idéntica superficie, una soterrada y otra encima. La inversión se debe a que las habitaciones comunes se sitúan sobre las privadas y ambos grupos se tipifican de manera creativa en habitaciones de día y de noche. Este contraste entre luz y oscuridad o sombra impregna todos los aspectos del diseño, desde la distribución del plano en forma de punta de flecha hasta el exquisito detalle de los armarios empotrados y los materiales.

La casa está situada en el corazón de un bosque plantado. Para que cada espacio de la vivienda disfrute de las vistas y aproveche la luz natural, el edificio tiene una característica forma de Y. De este modo se subvierte la idea convencional de delante y detrás y se crea un espacio igualitario con radios que salen de un punto de encuentro central, constituido por un vestíbulo, un comedor y un bar. De las tres alas, una está destinada al trabajo y a la suite principal, otra a la cocina y al garaje y, la última, a la relajación y a las habitaciones de invitados. Hay terrazas cubiertas al sur y al este, así como un patio de luces.

En respuesta a los gustos de su ecléctico dueño, la villa presenta un contraste extremo entre las atmósferas de ambas plantas. En el piso superior, un marco de acero escondido soporta una envolvente totalmente acristalada con puertas correderas de mármol. Una librería en el ala norte hace las veces de entramado. Los servicios y los elementos estructurales se ocultan en el interior de tres piezas de mobiliario hechas a medida en madera, pizarra y hormigón respectivamente. Su función consiste en sustituir a las paredes para separar los espacios de manera informal. En contraste, la planta baja, tallada en hormigón con techos abovedados y gruesas paredes, ofrece una respuesta intimista al aperturismo de arriba.

1, 2   Casa en su entorno
3, 4   Vistas del exterior
5      Garaje
6, 7   Vistas del muro estructural
8      Detalle de los espacios habitables
9      Vista de la casa desde el jardín
10     Interior de la vivienda

**Villa 1**
Powerhouse Company

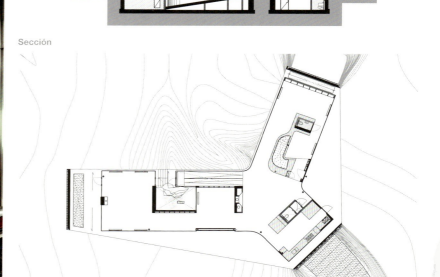

Sección

Emplazamiento

Bennekom, Ede, Países Bajos
2008

6

7

8

9

10

# Villa NM
**UNStudio**

### Nueva York, Estados Unidos
#### 2007

La Villa NM es una casa familiar situada en un extenso bosque, a dos horas al norte de Nueva York. La popularidad de la zona como refugio ocasional de la vida urbana va en aumento, y el cliente de NM constituye un ejemplo típico de los jóvenes propietarios urbanitas. El cliente tenía las ideas muy claras acerca del aspecto y el ambiente de su casa de veraneo y de la racionalidad del diseño. Quería un edificio atrevido y respetuoso, un hogar con el rigor geométrico de las vanguardias de mediados del siglo xx que se asentara sin estridencias sobre el paisaje rural y disfrutase de las espectaculares vistas circundantes.

La forma fluida del edificio y la organización del espacio surgieron con naturalidad de la pendiente del gran terreno enclavado en lo alto de la colina. En la misma línea de su anterior Casa Möbius (1998), el arquitecto apostó por una envolvente tipo caja y la partió en dos cuerpos separados insertos en un esqueleto continuo. El cuerpo inferior recorre la pendiente hacia arriba y abraza el suelo, mientras que el superior se eleva sobre esbeltas columnas. El punto de intersección y de giro está constituido por un conjunto de cinco planos paralelos en rotación, de modo que las paredes pasan a ser el suelo y viceversa. Esta compleja forma se basa en una sencilla repetición geométrica, lo que permitió prefabricar la estructura en otro lugar.

El interior, dividido en dos niveles, se articula mediante suaves curvas de carácter escultórico que se hacen eco del ondulado paisaje. Las funciones principales se concentran en el eje vertical, quedando los muros externos libres para el juego de relaciones entre hormigón oscuro, vidrio tintado dorado y policarbonato resplandeciente. A medida que el edificio sube la pendiente, van surgiendo las vistas, que en el espacio de la sala de estar se enmarcan en un panorama que ocupa toda la pared. La apertura del espacio confirma que este es el eje social de la casa, su punto de giro, literal y lírico, que señala la transición de lo público a lo privado.

1. Esquina este de noche
2. Fachada noroeste
3. Vista de la escalera desde la sala de estar
4. Exterior en voladizo
5. Fachada nordeste acristalada
6. Fachada sudeste de noche
7. Vista del interior de la vivienda

**Villa NM**
UNStudio

**Nueva York, Estados Unidos**
2007

6

3

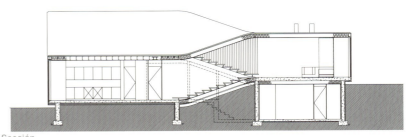

Sección

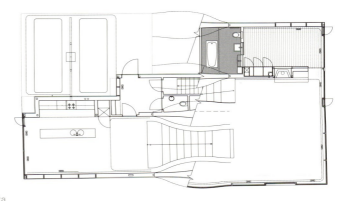

Planta

# Índice

24 H-architecture, Casa acordeón, 46

Aires Mateus, Casa de la costa, 62
Andreas Fuhrimann, Gabrielle Hächler Architekten, Casa de vacaciones en el Rigi, 58
Argentina, San Isidro, Buenos Aires, Casa Ponce, 34
Årjäng, Suecia, Casa acordeón, 46
Australia,
Dover Heights, Nueva Gales del Sur, Casa Holman, 82
Kangaloon, Nueva Gales del Sur, Casa en Kangaloon, 6
Melbourne, Casa en dos partes, 30
Península Mornington, Victoria, Casa en St. Andrews Beach, 106
Victoria, Casa Wheatsheaf, 114
Austria, Bezau, Bregenz, Casa Fink, 118

Bahía Azul, Los Vilos, Chile, Casa Larrain, 22
Bennekom, Ede, Países Bajos, Villa 1, 142
Bezau, Bregenz, Austria, Casa Fink, 118
Biwa-cho, Prefectura de Shiga, Japón, Casa Springtecture B, 26
BKK Architects, Casa en dos partes, 30
Brasil,
Paraty, Río de Janeiro, Casa Du Plessis, 38
Porto Alegre, Río Grande do Sul, Casa tajada, 98
Ribeirão Preto, São Paulo, Casa en Ribeirão Preto, 10
Brione, Locarno, Suiza, Casa en Brione, 86

California,
Santa Mónica, Casa de la colina, 54
Santa Mónica, Casa paraguas solar, 102
Caruso St John Architects, Casa de ladrillo, 70
Casa acordeón, 46
Casa anillada, 130
Casa Baron, 66
Casa de la colina, 54
Casa de la costa, 62
Casa de ladrillo, 70
Casa de los fuegos artificiales, 78
Casa de vacaciones en el Rigi, 58
Casa del loto, 94
Casa del padre en la montaña de jade, 42
Casa Du Plessis, 38
Casa en Brione, 86

Casa en dos partes, 30
Casa en Kangaloon, 6
Casa en Pego, Siza Vieira Arquiteto, Praia Grande, Portugal, 134
Casa en Ribeirão Preto, 10
Casa en St. Andrews Beach, 106
Casa Fink, 118
Casa Goodman, 50
Casa Holman, 82
Casa Larrain, 22
Casa mimética, 126
Casa O, 138
Casa paraguas solar, 102
Casa Ponce, 34
Casa SH, 90
Casa Springtecture B, 26
Casa tajada, 98
Casa tejado, 18
Casa Tóló, 110
Casa Wheatsheaf, 114
Chichibu, Prefectura de Saitama, Japón, Casa de los fuegos artificiales, 78
Chile, Bahía Azul, Casa Larrain, 22
China, provincia de Shaanxi, Casa del padre en la montaña de jade, 42

Dietrich Untertrifaller Architekten, Casa Fink, 118
Dominic Stevens Architect, Casa mimética, 126
Dover Heights, Nueva Gales del Sur, Australia, Casa Holman, 82
Dromahair, condado de Leitrim, República de Irlanda, Casa mimética, 126
Durbach Block Architects, Casa Holman, 82

Estados Unidos,
Mazama, Washington, Refugio Delta, 74
Nueva York, Villa NM, 146
Pine Plains, Nueva York, Casa Goodman, 50
Santa Mónica, California, Casa de la colina, 54
Santa Mónica, California, Casa paraguas solar, 102

Hadano, Prefectura de Kanagawa, Japón, Casa tejado, 18
Hiroshi Nakamura & NAP Architects, Casa SH, 90

Iwaki, Prefectura de Fukushima, Japón, Maison E, 122

Japón,
Biwa-cho, Prefectura de Shiga, Casa Springtecture B, 26
Chiba, Prefectura de Chiba, Casa O, 138
Chichibu, Prefectura de Saitama, Casa de los fuegos artificiales, 78
Hadano, Prefectura de Kanagawa, Casa tejado, 18
Iwaki, Prefectura de Fukushima, Maison E, 122
Karuizawa, Prefectura de Nagano, Casa anillada, 130
Prefectura de Kanagawa, Casa del loto, 94
Tokio, Casa SH, 90
Jesse Judd Architects, Casa Wheatsheaf, 114
Johnston Marklee & Associates, Casa de la colina, 54

Kangaloon, Nueva Gales del Sur, Australia, 6
Karuizawa, Prefectura de Nagano, Japón, Casa anillada, 130
Kengo Kuma & Associates, Casa del loto, 94
Klotz, Mathias, Casa Ponce, 34
Kogan, Márcio, Casa Du Plessis, 38

La casa roja, 14
Litoral del Alentejo, Portugal, Casa de la costa, 62
Londres,
Casa de ladrillo, 70
La casa roja, 14

MADA s.p.a.m., Casa del padre en la montaña de jade, 42
Maison E, 122
Makoto Takei + Chie Nabeshima/TNA, Casa anillada, 130
Markus Wespi Jérôme de Meuron Architects, Casa en Brione, 86
Mazama, Washington, Estados Unidos, Refugio Delta, 74
Melbourne, Australia, Casa en dos partes, 30
MMBB / SPBR, Casa en Ribeirão Preto, 10
Monte Rigi, Gersau, Suiza, Casa de vacaciones en el Rigi, 58

**Nendo Inc,** Casa de los fuegos artificiales, **78**
**Nueva Gales del Sur,**
Dover Heights, Casa Holman, **82**
Kangaloon, Casa en Kangaloon, **6**
**Nueva York,**
Pine Plains, Casa Goodman, **50**
Villa NM, **146**

**Olson Sundberg Kundig Allen Architects,**
Refugio Delta, **74**

**Países Bajos,** Bennekom, Ede, Villa 1, **142**
**Paraty, Río de Janeiro,** Brasil, Casa Du Plessis, **38**
**Pawson, John,** Casa Baron, **66**
**Península Mornington,** Casa en St. Andrews Beach, **106**
**Pine Plains,** Nueva York, Estados Unidos, Casa Goodman, **50**
**Porto Alegre, Río Grande do Sul,** Brasil, Casa tajada, **98**
**Portugal,**
Litoral del Alentejo, Casa de la costa, **62**
Praia Grande, Casa en Pego, **134**
Vila Real, Porto, Casa Tóló, **110**
**Powerhouse Company,** Villa 1, **142**
**Praia Grande,** Portugal, Casa en Pego, **134**
**Prefectura de Chiba,** Japón, Casa O, **138**
**Prefectura de Kanagawa,** Japón, Casa del loto, **94**
**Prefectura de Nagano,** Japón, Ring House, **94**
**Prefectura de Shiga,** Japón, Casa Springtecture B, **26**
**Preston Scott Cohen,** Casa Goodman, **50**
**Procter:Rihl,** Casa tajada, **98**
**Provincia de Shaanxi,** Casa del padre en la montaña de jade, **42**
**Puga, Cecilia Larrain,** Casa Larrain, **22**
**Pugh+Scarpa Architects,** Casa paraguas solar, **102**

**Reino Unido,**
Londres, Casa de ladrillo, **70**
Londres, La casa roja, **14**
**Refugio Delta, 74**
**República de Irlanda,** Dromahair, condado de Leitrim, Casa mimética, **126**
**Ribeirão Preto,** São Paulo, Brasil, Casa en Ribeirão Preto, **10**

**San Isidro,** Buenos Aires, Argentina, Casa Ponce, **34**
**Santa Mónica,** California, Estados Unidos, Casa de la colina, **54**
**Sean Godsell Architects,** Casa en St. Andrews Beach, **106**
**Shigeru Ban Architects,** Maison E, **122**
**Shuhei Endo Architect Institute,** Casa Springtecture B, **26**
**Siza Vieira, Alvaro Leite,** Casa Tóló, **110**
**Siza Vieira Arquiteto,** Casa en Pego, **134**
**Skåne,** Suecia, Casa Baron, **66**
**Sou Fujimoto Architects,** Casa O, **138**
**Suecia,**
Årjäng, Casa acordeón, **46**
Skåne, Casa Baron, **66**
**Suiza,**
Brione, Locarno, Casa en Brione, **86**
Monte Rigi, Gersau, Casa de vacaciones en el Rigi, **58**

**Tezuka Architects,** Casa tejado, **18**
**Tokio,** Japón, Casa SH, **90**
**Tony Fretton Architects,** La casa roja, **14**

**UNStudio,** Villa NM, **146**

**Victoria,** Australia, Casa Wheatsheaf, **114**
**Vila Real, Porto,** Portugal, Casa Tóló, **110**
**Villa 1, 142**
**Villa NM, 146**

**Washington, Estados Unidos,** Mazama, Refugio Delta, **74**

Créditos fotográficos:
Anthony Browell: págs. 6-9; Peter Durant: págs. 14-17; © Helene Binet: págs. 14-17, págs. 70-74; © Katsuhisa Kida: págs. 18-21; Cristobal Palma: págs. 22-25; Shannon McGrath: págs. 30-33; Arnaldo Pappalardo: págs. 38-41; Roland Halbe: págs. 34-37; Christian Richters: págs. 42-45; Victoria Sambunaris: págs. 50-53; Eric Staudenmaier: págs. 54-57; Valentin Jeck: págs. 58-61; DMF Fotografia: págs. 62-65; Fabien Baron: págs. 66-69; Benjamin Benschneider: págs. 74-77; Tim Bies, Olson Sundberg Kundig Allen: págs. 74-77; Daici Ano: págs. 78-81, 90-93, 94-97, 130-133, 138-141; Reiner Blunck: pág. 82; Brett Boardman: págs. 82-85; Marcelo Nunes: págs. 98-101; Sue Barr: págs. 98-101; Marvin Rand: págs. 102-105; Earl Carter: págs. 106-109; Duccio Malagamba: págs. 110-113,> 134-137; Bruno Klomfar: págs. 118-121; Hiroyuki Hirai: págs. 122-125; Ros Kavanagh: págs. 122-125; Bas Princen: págs. 142-145; Christian Richters: págs. 146-149

Phaidon Press Limited
Regent's Wharf
All Saints Street
Londres N1 9PA

Phaidon Press Inc.
180 Varick Street
Nueva York, NY 10014

www.phaidon.com

Primera edición en español 2009
© 2009 Phaidon Press Limited

ISBN: 978 0 7148 5640 7

Reservados todos los derechos. Prohibida la reproducción en todo o en parte por cualquier medio mecánico, informático, fotográfico o electrónico, así como cualquier clase de copia, registro o transmisión por Internet sin la previa autorización escrita de Phaidon Press Limited.

Texto de Máire Cox
Traducido del inglés por Nuria Bover Morral y Raquel Valle Bosch para Equipo de Edición S.L., Barcelona
Diseño de Hans Stofregen
Printed in China/Impreso en China